Teulu'r gymwynas olaf

Gwilym C. Price ei Fab a'i Ferched Ymgymerwyr

Gol. Lyn Ebenezer

"Mae delio â'r meirw yn ffordd o fyw i ni ..."

Rhys Price

Portread ffurfiol gyda'r siop yn y cefndir

Y tad a'r mab yn eu lifrai angladdol

Wrth y ddesg yn y siop yn Llanbed

Cyflwyniad

Yr ymgymerwr angladdau, meddai rhywun yn gellweirus, fydd yr olaf i'ch gollwng chi lawr. Ie, jôc sy'n nodweddiadol o hiwmor du'r proffesiwn. Ond mae i'r honiad wirionedd hefyd gan mai bwriad pob ymgymerwr gwerth ei halen yw darparu gwasanaeth o'r safon uchaf, gan gyfleu hefyd y parch a'r urddas ynghyd â'r cysur mwyaf posibl. A dyna'r nod y bydd cwmni Gwilym C. Price ei Fab a'i Ferched yn anelu ato bob amser.

Colli anwylyd yw'r digwyddiad mwyaf trawmatig all ddigwydd i rywun. Mae gorfod wynebu'r angladd ynghyd â'r holl drefniadau sy'n gysylltiedig â hynny yn bwysau ychwanegol ar ben y galar a'r gofid. Swyddogaeth unrhyw ymgymerwr felly yw ysgafnhau'r baich a cheisio esmwytho'r profiad a'r pwysau gymaint â phosib.

Mae busnes Gwilym C. Price ei Fab a'i Ferched, a sefydlwyd drigain mlynedd yn ôl yn Llanbed, yn ei drydedd genhedlaeth erbyn hyn. Gwilym ynghyd â Phyllis y wraig, Cerdin, y mab, Angharad, merch, a Rhys, ŵyr sy'n rhedeg y busnes ymgymeryd, menter sy'n cynnwys hefyd siop ddodrefn a llestri. Mae aelodau eraill o'r teulu hefyd wedi gwneud eu rhan, ac yn parhau i wneud. Ymfalchïa'r teulu yn safon a darpariaethau eu canolfan angladdau a'r gwasanaeth eang a gynigiant. Medrant gynnig gwasnaeth cwbl gyflawn a phroffesiynol. Anelant at ymgyrraedd at egwyddorion, gwerthoedd a buddiannau'r gwasanaeth angladdol traddodiadol sy'n dal yn berthnasol i'r unfed ganrif ar hugain.

Mae eu hymgymerwyr oll wedi eu hyfforddi'n llawn, yn gwbl gymwys ac yn dal y cymwysterau angenrheidiol ar gyfer cynghori a gwasanaethu. Byddant yn sicrhau bod yr holl ofynion yn cael eu gweithredu gyda'r effeithlonrwydd a'r urddas y bydd y fath achlysur anodd yn ei hawlio.

Fe wnaeth y cwmni ddechrau o ddim byd fel menter undyn. Ond erbyn hyn mae'r busnes, sydd wedi'i ganoli yn Llanbed o'r cychwyn, yn trefnu tua chant o angladdau bob blwyddyn, hynny'n tystio i safon ac enw da'r cwmni teuluol hwn.

Bydd rhywun ar gael bob awr o'r dydd, bob dydd. A theulu'r ymadawedig gaiff ddewis ffurf yr angladd. Mae yna rai costau sylfaenol fel cost corfflosgi, ffi'r meddyg, cost addoldy, tâl am fan claddu ac am agor bedd. Yna bydd costau dewisol fel blodau, hysbysiadau yn y wasg, ffi'r un fydd yn gweinidogaethu, darparu ymborth a chost hurio hers a cheir. Costau eraill yw cost yr arch neu'r gist, y cludiant yn gyffredinol a chostau'r trefnu ynghyd â chostau llywio'r gwasanaeth.

Mae pob angladd yn wahanol oherwydd bod gofynion ac anghenion pob teulu'n amrywio. Bydd y cwmni felly'n cynllunio a threfnu angladd o gwmpas anghenion y teulu, hynny'n golygu fod y costau'n amrywio. Bydd y cwmni'n barod i ddarparu amcangyfrif o'r costau os mynnwch hynny. Mae'r cwmni'n aelod o Gymdeithas Cynghrair y Trefnwyr Angladdau, Cymdeithas y Trefnwyr Angladdau a Sefydliad Prydeinig y Trefnwyr Angladdau gan fod yn unol â'u cod ymddygiad.

Yn 2000 fe wnaeth y cwmni agor capel gorffwys pwrpasol wedi ei saernïo ar gyfer holl anghenion yr oes. Mae'r capel gorffwys, Y Gorwel, yn un aml-enwadol gydag ystafelloedd ymweld a mannau derbyn preifat. Mae yno ddarpariadau cyflawn ar gyfer yr anabl. Mae hersiau a cheir y cwmni gyda'r mwyaf modern ond hefyd yn cynnwys yr hers ceffyl traddodiadol.

Yn ogystal â'u gwasanaeth fel ymgymerwyr mae gan y cwmni hefyd fusnes llunio a gwerthu dodrefn traddodiadol mewn pren derw neu goed pin, a darpariaeth eang o gelfi a llestri ynghyd â phob math o anghenion y cartref yn Nhŷ

Dresden yn y brif stryd. Yno darperir gwasanaeth arbenigol ar gyfer y dewis eang o ddefnyddion at chwaeth bersonol y cwsmer.

Ym meddiant y cwmni mae cannoedd o lythyron oddi wrth deuluoedd mewn galar yn diolch am wasanaeth trwyadl ac ymarweddiad urddasol Gwilym C. Price ei Fab a'i Ferched wrth ddarparu'r gymwynas olaf i'w hanwyliaid.

Stori Gwilym

Mae'n busnes ni, cwmni Gwilym C. Price ei Fab a'i Ferched, yn mynd yn ôl drigain mlynedd ac yn y drydedd genhedlaeth bellach. Mae hwn yn gwmni teuluol yng ngwir ystyr y gair. Er na fu 'Nhad yn ymgymerwr angladdau, roedd e'n saer coed ac mae yna hanes am rai aelodau o'r teulu a fu yn y proffesiwn angladdol.

Pan gychwynnais i, y saer coed lleol fydda'i'n gwasanaethu fel ymgymerwr. Fe fyddai'r ddwy grefft yn mynd law yn llaw. Dyna fyddai'r traddodiad. Y saer coed fyddai'r ymgymerwr a'r ymgymerwr fyddai'r saer coed.

Roedd gŵr i chwaer Mam, er enghraifft, yn saer ac yn ymgymerwr yn Llanwrda. Ac mae yna enghreifftiau cynharach yn y teulu. Ond o ran ein busnes ni, fi wnaeth roi cychwyn i'r cyfan drigain mlynedd yn ôl, mewn cyfnod pan oedd y proffesiwn yn llawer mwy cystadleuol nag y mae heddiw. Ac fel unrhyw fenter busnes arall bu'n rhaid i'r alwedigaeth symud gyda'r oes.

Bryd hynny ni fyddai'r un pentref heb ddau neu dri o seiri coed a fyddai hefyd yn ymgymerwyr. Mewn tref fel Llanbed fe fyddai yna ddwsin a mwy. Erbyn heddiw mae yna lawer yn llai o fusnesau ymgymeryd ond maen nhw'n tueddu i fod yn fusnesau sy'n llawer mwy o faint. Cwmni un-dyn fyddai amryw ohonyn nhw yn yr hen ddyddiau a'r ymgymerwr yn dibynnu ar help llaw gan ffrind neu gymydog adeg paratoi at angladd.

Mae gwreiddiau'n teulu ni o'r ddwy ochr yn mynd yn ôl i ardal Ffarmers yng ngogledd sir Gaerfyrddin, bron iawn ar y ffin â sir Aberteifi. Ardal wledig yw ardal Ffarmers, ei henw'n deillio o'r enw ar hen dafarn y Farmers' Arms sydd wedi cau ers blynyddoedd. Mae'r fro rhwng afonydd Twrch a'r Fanafas, y ddwy'n rhedeg i afon Tywi. Wynebai tafarn y

Farmers dafarn y Drovers ar draws y ffordd – mae honno bellach yn fenter gydweithredol yn nwylo criw o bobl leol. Mae enwau'r ddwy dafarn yn adleisio dau brif weithgaredd y fro yn yr hen ddyddiau, ffermio a phorthmona. Drwy'r fro rhed hen ffordd Rufeinig Sarn Helen, a fu'n ddiweddarach yn dramwyfa ar gyfer y porthmyn fyddai'n gyrru eu gwartheg i Smithfield yn Llunden.

Merch leol oedd Mam, o Lwyn-ffynnon yn Hartfford gerllaw. Lle bach yw Hartfford, dim ond clwstwr o dai a ffermydd a thyddynnod o'u cwmpas. Yno yn Llwynffynnon y bu ei thad a'i thad-cu o'i blaen hi. Fe aeth Mam i Ysgol Llanycrwys, a ddaeth yn enwog am gyfrol a ddaeth yn rhan o chwedloniaeth lenyddol. Casgliad o farddoniaeth a rhyddiaith a hanes lleol yw'r gyfrol, *Cerddi Ysgol Llanycrwys ynghyd â Hanes Plwyf Llanycrwys* wedi ei golygu gan y prifathro, Dan Jenkins, un o deulu enwog Pentrefelin, Llundain Fach yn Nyffryn Aeron. Roedd y bardd Cerngoch, a oedd yn un o 12 o blant, yn ewythr iddo fe. Bu Dan yn brifathro yno am 34 mlynedd a chasglodd y cerddi a'r darnau rhyddiaith a gyfansoddwyd ar gyfer dathliadau Gŵyl Ddewi rhwng 1901 a 1920 ar gyfer y gyfrol. Fe'i cyhoeddwyd yn 1934. Mae gen i gopi, a hwnnw'n cael lle o anrhydedd ar y silff lyfrau.

Mae'r gyfrol yn un swmpus ac yn cynnwys cerddi gan feirdd lleol a chenedlaethol, hanesion am hen arferion, cynghorion a chofnodion am bobl amlwg a gwahanol gymdeithasau ac addoldai'r ardal. Ar un adeg fe fyddai copi o'r gyfrol hon ym mhob cartref yn yr ardaloedd hyn. Mae hi'n drysorfa ac yn drysor.

Ewythr arall i Dan Jenkins oedd Joseph Jenkins, brawd Cerngoch a ymfudodd i Awstralia yn 50 oed gan dreulio chwarter canrif yno yn crwydro a barddoni. Aeth yno yn 1869 gan ddychwelyd yn 1895. Cadwodd nifer o ddyddiaduron manwl a chyfeirir ato o hyd fel y Swagman.

Os rhywbeth daeth yn enwocach yn Awstralia nag a wnaeth yng Nghymru. Yn stesion reilffordd Madison yn Queensland, Awstralia mae llechen yn coffau'r Swagman. Oddi yno y cychwynnodd ar ei siwrne faith yn ôl i Gymru.

Codwyd amryw o aelodau o deulu Mam yn ardal Hartfford. Un man teuluol pwysig oedd Glantroiddyn. Roedd teulu Glantroiddyn yn amlwg iawn yn y fro. Fe aeth dau o'r meibion, fel y Swagman, allan i Awstralia ac mae amryw o'u disgynyddion nhw'n dal allan yno. Un ohonyn nhw yw Tom, cefnder i Mam, sydd bron yn gant oed. Fe fu farw brawd hwnnw, Ieuan, yn Awstralia bum mlynedd yn ôl. Dim ond yn ddiweddar fe gladdwyd cyfnither i fi, Anti Jini, yn 101 oed yn Llunden. O Ffaldybrenin roedd hi'n wreiddiol.

Ar ffarm Ty'n Nant, Ffarmers y ganwyd fi a'm dau frawd. Ond Llwyn-ffynnon oedd y brif dynfa i ni blant, lle'r oedd Tad-cu'n cadw buwch neu ddwy. Fe fydden ni'n tri yn galw yno byth a hefyd ac yn cysgu yno dros nos neu ar wyliau yn aml. Mynd yn ein tro fydden ni, a'r tri ohonom yn disgwyl ein tro'n awchus. John oedd yr hynaf, wedyn fi a wedyn Tomi. Mae John wedi'n gadael ond mae Tomi'n 83 a finne'n 86. Fe dreuliodd John y rhan fwyaf o'i fywyd fel gof yn Nhalsarn ond parhau i ffermio wnaeth Tomi gydol ei fywyd.

* * *

Roedd bywyd yn syml yn y fro wledig, dawel yng ngogledd sir Gaerfyrddin ar ddechrau'r tridegau gyda phopeth o bwys yn troi o gwmpas y capel neu'r eglwys. Cymraeg oedd yr iaith, yr unig iaith bryd hynny. Erbyn hyn mae pethe wedi newid yno. Roedd y siaradwyr Cymraeg yn y fro wedi disgyn i ychydig dros 61 y cant yn ôl Cyfrifiad 2001. Ddeng mlynedd yn ddiweddarach roedd y ffigwr i lawr i tua 46 y cant. Ie, 'newid ddaeth o rod i rod'.

Fe fydden ni'n mynd i Gapel yr Annibynwyr, Ffald-ybrenin, deirgwaith bob dydd Sul. Doedd yna ddim gorfodaeth. Mynd fydden ni'n ddigwestiwn am fod disgwyl i ni fynd, fel plant pawb arall yn y fro. Roedd e mor naturiol â mynychu'r ysgol ddyddiol. Roedd Tad-cu, sef Ifan Thomas, yn ddiacon fel ei dad o'i flaen. Fe fu Mam, Mary Jane, yn cynnal yr ysgol Sul yno am dros hanner canrif. Am ei gwasanaeth hir a ffyddlon fe anrhydeddwyd Mam â Medal Gee yn 1948.

Fe fuon ni am gyfnod yn byw yn Nhŷ Capel Bethel. Mae'r addoldy hwnnw'n dathlu ei 170 ar hyn o bryd. Wedi i ni symud yn nes at Gwm-ann, fe aethon ni'r plant i Ysgol Ram ym mhen uchaf Cwm-ann, rhyw dri chwarter milltir i ffwrdd. Fel Ysgol Coedmor y câi hi ei hadnabod ond fe newidiwyd yr enw'n ddiweddarach i Ysgol Carreg Hirfaen. Y rheswm dros yr enw anarferol yw bod maen hir o'r un enw yn sefyll yn y fro, a'i hanes yn mynd yn ôl i Oes y Cerrig.

Fe godwyd ysgol newydd fodern Categori 'A' ar draws y ffordd i'r hen ysgol yn ddiweddar ar gyfer y 150 o ddisgyblion gydag adnoddau ar gyfer cymaint â 210 yn ogystal â 30 o blant meithrin. Fe gostiodd y cynllun £4.7 miliwn. Mae hi'n wynebu fy nghartref. Mae'n anodd credu'r gwahaniaeth rhwng hon a'r hen ysgol ar draws y ffordd iddi, ysgol y bues i yn ddisgybl ynddi.

Does gen i ddim cof o Tad-cu ar ochr fy nhad. Yn wir, does gen i ddim llawer o gof o 'Nhad chwaith. Crefftwr oedd e, saer coed, a'i wreiddiau yn yr un ardal â Mam. Ar ôl i'r ddau briodi fe symudodd y teulu am gyfnod i Swyddffynnon ar lannau Cors Caron ar y ffordd gefn rhwng Tregaron a'r Trawsgoed. Yn Swyddffynnon roedd 'Nhad yn rhedeg melin goed. Yn wir, Y Felin oedd enw'r lle a dyna'i enw o hyd. Yno fe anafwyd 'Nhad yn ddifrifol. Roedd e'n defnyddio llif gron pan aeth rhywbeth o'i le. Mwy na thebyg iddo lithro a disgyn ar draws y llif. Fe gollodd un fraich. Tri mis wnaeth e bara wedyn.

Plentyn teirblwydd oed oeddwn i pan fu e farw. Effaith y ddamwain fu'n gyfrifol am ei farwolaeth, does dim amheuaeth. Hynny, a'r tor calon, siŵr o fod, am iddo gael ei amddifadu o'i grefft. Mam wedyn wnaeth ein codi ni. Ond sbel ar ôl claddu 'Nhad fe symudon ni nôl i'r hen fro, i Gwm-ann ac ymhen amser fe ailbriododd Mam.

Fe adewais i'r ysgol fach yn 11 oed ac yna mynd ymlaen i'r ysgol uwch, sef Ysgol Llanbed yn Bryn Road. Fe es i mor bell â phasio fy arholiadau yno ond fedrwn i ddim mynd ymhellach. Doedd yr arian ddim i'w gael. Felly fe adewais i'n 14 oed. Am brin bedwar mis, fe fues i'n gweithio yn yr union siop lle rydw i heddiw yn Stryd y Coleg. Siop ddillad oedd yma bryd hynny. Ond roedd gen i broblemau iechyd, rhyw boenau yn fy mhen byth a hefyd a doedd gwaith y siop ddim yn help.

Wnaeth Tomi fy mrawd ieuengaf ddim crwydro fawr ddim o'i ardal. Yn syth o'r ysgol fe aeth ati i wasanaethu fel gwas ffarm. Roedd gan y ffarmwr le yn Alltyblaca ac wedyn dyma fe'n prynu Gelli-wrol yng Nghwm-ann, a Tomi'n gweithio gydag e. Pan fu farw'r ffermwr fe werthwyd Gelli-wrol am bris teg iawn i Tomi, ac yno y buodd e wedyn, yn agos i ble rydw i'n byw, ef a'i ferch Eira. Dyn ei filltir sgwâr fu Tomi erioed.

Dysgu crefft fel gof wnaeth John ar ôl bod yn was ffarm am ychydig. Fe ddysgodd ei grefft mewn efail yng Nghwmdu oddi ar y ffordd fawr rhwng Pumpsaint a Llandeilo. Heb fod ymhell o Gwmdu, yn Nhalyllychau mae hen efail gof arall, Tomos Lewis, awdur yr emyn mawr 'Wrth gofio'i riddfannau'n yr ardd'. Fe fu John yma yn Llanbed wedyn gyda Lewis Lloyd, gof oedd ag efail yn Ffordd y Porthmyn. Ei gyflog oedd coron yr wythnos. Ar ôl hynny bu bant yn Henffordd yn dysgu mwy o'r grefft ac yna fe ddaeth yn ôl i Dalsarn yn Nyffryn Aeron yn 1965 i redeg ei fusnes ei hun. Yno fe ddysgodd waith gof i'w blant, David y mab a Gwyneth, ei ferch. Peth anarferol iawn bryd hynny fyddai gweld merch yn of. Gwyneth oedd yr unig of benywaidd ym Mhrydain ar y pryd. Mae'r mab David yn parhau yn y busnes ac yn enwog am ei waith mewn llunio gatiau a rheiliau addurniedig.

Daeth anrhydedd fawr i ran John pan gyflwynwyd iddo Ryddfraint Ddinesig y Gofaint Brenhinol, y gof cyntaf o Gymro i'w derbyn. Yna derbyniodd Ryddfraint Dinas Llundain am ei waith.

O ran gwaith, rhywbeth tebyg i hanes John fu fy hanes innau, er i ni ddilyn crefftau gwahanol. Fe wnes innau ddysgu crefft ar ôl gadael yr ysgol yn ifanc. Ond crefft saer coed wnaeth apelio ataf fi. Fe fues i'n gweithio i wahanol grefftwyr ac fe wnes i ddechrau derbyn hyfforddiant mewn llunio dodrefn. Yr enw crand ar y grefft honno yw 'cabinet maker', hynny yw, saer dodrefn. Fe ystyrid hynny un radd yn uwch na bod yn saer cyffredin. Y gŵr wnes i gydweithio gydag e gyntaf oedd saer coed lleol, D. J. Davies, a gâi ei adnabod gan bawb fel 'D. J.'. Yn wir, roedd D. J. yn chwedl yn yr ardal.

Fe ges i'r profiad cyntaf o waith angladdau yn 16 oed. Rwy'n cofio'r tro cyntaf hwnnw hyd y dydd heddiw. Hwn oedd fy angladd cyntaf erioed, a fi hefyd wnaeth lunio'r arch. Fe fu gweld corff marw am y tro cyntaf yn brofiad digon cas. Fe gymerodd sbel cyn i fi ddod yn gyfarwydd â'r peth. Ond fe sticies i ati. Dyna'r unig ffordd. Hynny yw, dyfal donc.

Lawr mewn tŷ yn Heol y Felin ges i'r profiad cyntaf hwnnw. Fe wn i'n union ble mae bedd yr ymadawedig, er nad oes carreg yn nodi'r fan. Fe weithiais i hefyd i Dalis Davies yn Heol y Bont. Roedd Dalis yn ddyn amlwg iawn, yn ddiacon yn Soar. Golygfa gyffredin fyddai gweld Dalis yn llusgo arch fyny'r stryd ar gart fach.

Yn y cefn y tu ôl i'r siop fan hyn roedd Lisa Bro Dalis yn byw. Roedd Lisa'n gymeriad a hanner. Fe fu farw'i brawd, a'n cwmni ni, sef cwmni Dalis Davies, gafodd y gwaith o baratoi'r corff at yr angladd a llunio'r arch. Ar gyfer cludo'r arch i'r tŷ, fi gafodd y gwaith o lusgo'r gert fach. Ro'n i'n teimlo'n dipyn o ffŵl. Fe wnes i felly fynd drwy'r strydoedd cefn rhag ofn i neb o'm ffrindiau fy ngweld i.

Fe fynnodd Lisa gadw'r corff yn y stafell ffrynt tan yr angladd, arferiad cyffredin bryd hynny. Y parlwr fyddai'r man gorffwys fel arfer, gyda dau ben yr arch yn pwyso ar ddwy gadair a'r llenni wedi eu cau i ddangos parch. Ac fe gâi'r arch ei adael yn agored tan fore'r angladd.

Ar ôl i ni baratoi'r corff, dymuniad Lisa oedd i'w brawd gael ei wisgo yn ei got fawr ddu orau. Fe wnaethon ni, yn naturiol, barchu ei dymuniad. Fe wisgais i'r hen foi yn y got ar orchymyn Dalis. Ond ar ôl i ni gau'r arch fe sylweddolon ni ein bod ni wedi ei wisgo yng nghot orau Dalis. Roedd Dalis wedi diosg ei got a'i gadael i hongian ar gefn cadair, a finne wedi ei chamgymryd am got yr ymadawedig. Do, fe aeth yr hen foi â chot orau Dalis amdano i'r bedd. Rwy'n siŵr na wnaeth Pedr ddim cyfarfod â neb erioed wedi'i wisgo mor deidi. Fe rybuddiodd Dalis fi i beidio â dweud am yr anffawd wrth neb. Ac fe wnes i gadw'r gyfrinach nes i Dalis ei hun ein gadael, a hynny heb ei got orau.

Yn y dyddiau hynny, yn naturiol, ac am flynyddoedd wedyn, byddai gofyn i ni ein hunain lunio'r eirch. Byddai hynny'n golygu mesur y corff, wrth gwrs. Heddiw bydd ymgymerwyr, gan amlaf, yn eu harchebu nhw *made to measure*. Er, petai galw, fe fedrwn i o hyd lunio coffin yn ôl dymuniad teulu'r ymadawedig. Deri yw'r defnydd poblogaidd bryd hynny, a deri yw'r defnydd mwyaf poblogaidd o hyd. Weithiau fe fydde gofyn am bren llwyfen. Prynu'r coed oddi wrth gwmnïau lleol fydden ni yn yr hen ddyddiau. Roedd gan Dalis weithdy mawr, y mwyaf yn y dref ac fe gadwai stoc o goed, handlau ac addurniadau metel fel bod y cyfan wrth law.

Heddiw, wrth gwrs, ym mhob busnes gwaith llaw does

dim angen i chi fod yn grefftwr mawr iawn. Fe allwch
archebu unrhyw beth heddiw. Ond gynt doedd dim dewis
ond gwneud y gwaith eich hunan. Beth bynnag, am ddwy
flynedd fe fues i'n gweithio i wahanol grefftwyr a gwneud
ambell jobyn wedyn i amrywiol gwmnïau adeiladu. Roedd
digon o waith yn mynd bryd hynny gan gwmnïau fel
Haywards a Gee Walker and Slater gyda stadau tai cyngor
yn cael eu codi ym mhobman. Fe godwyd llawer iawn o
stadau tai cyngor ar ddechrau'r pumdegau. Hwn oedd
cyfnod yr ailadeiladu mawr wedi'r cyni a achoswyd gan y
rhyfel.

Fe wnes i fwrw prentisiaeth gyda bachan o Lanybydder,
Tomos John. Prentis arall oedd gyda fi ar yr un pryd oedd
Eirwyn Pontshân. Roedd ei gefndir e'n debyg iawn i
'nghefndir i, gadael yr ysgol yn 14 a bwrw'i brentisiaeth.
Roedd cwmni Tomos John yn flaenllaw iawn bryd hynny.
Nhw wnaeth godi tai cyngor Cwm-ann, a thai cyngor mewn
amryw o fannau eraill cyfagos. Fe fues i'n gweithio iddo fe yn
codi tai yn Llanbadarn Fawr hefyd.

Roedd Tomos John yn feistr teg ond caled. Byddai
gofyn i Eirwyn a finne gyrraedd y gwaith erbyn chwech o'r
gloch y bore. Petaen ni bum munud yn hwyr, fe wnâi Tomos
John dynnu ei watsh allan o'i boced, ei hysgwyd ac edrych
arni. Yna fe fydde fe'n troi aton ni a holi'n sarrug:

'Aerfryn, Gwilym, ble oeddech chi'r bore cynta?'

Ie, Aerfryn, nid Eirwyn bob amser. Fe fydde Eirwyn yn
dynwared Tomos John yn aml.

'Aerfryn, ble wyt ti nawr, boi? Bachan, dwyt ti ddim yn
brwsio dy baent. Ti'n gadel dy bwti amboeti'r lle fel caca
gwylan!'

Oedd, roedd Tomos John yn gymeriad. Doedd e ddim
yn gwneud rhyw lawer ei hunan. Ein cwrso ni fydde fe fwyaf
ond fe ddysgodd e lawer i ni.

Ro'n i gydag Eirwyn pan ddigwyddodd un o'i hanesion

enwocaf. Codi sied wair oedden ni, sied dau olau, hynny'n golygu codi tri pholyn bob ochr. Fe weithiodd un ochr yn iawn. Ond pan aethon ni ati i osod y trawstiau yr ochr arall fe sylweddolwyd fod y postyn canol droedfedd yn fyr. Roedd hon yn broblem gan fod y pyst wedi'u gosod mewn concrid, a hwnnw erbyn hynny wedi caledu. Fe benderfynodd Eirwyn mai dim ond un ffordd oedd dod allan ohoni. Fe ailadroddodd un o'i wirioneddau mawr:

'Os byddi di byth mewn trwbwl, treia ddod mas 'no fe.'

Ffordd Eirwyn o geisio dod mas o drwbwl y tro hwn oedd gweddïo. Fe aeth ar ei liniau wrth fôn y postyn a thynnu ei gap, plygu ei ben a chau ei lygaid, a medde fe yn ddwys:

O, Arglwydd dyro awel,
A honno'n awel gref
I godi'r postyn canol
Rhyw droedfedd tua'r nef.

Yn anffodus, wnaeth yr Arglwydd ddim gwrando'r tro hwn. Welais i neb tebyg i Eirwyn. Roedd ganddo fe ryw bennill neu ffregod ar gyfer pob achlysur. Fe fues i'n gweithio ar godi Neuadd Sant Iago, Cwm-ann yn 1952. Codi'r llwyfan oedd fy ngwaith i. Fe alwodd Eirwyn i mewn un diwrnod i weld sut oedd y gwaith yn dod yn ei flaen. Ac fe alla'i glywed e nawr yn adrodd englyn mawr R. Williams Parry i Neuadd Goffa Mynytho:

Adeiladwyd gan dlodi – nid cerrig
Ond cariad yw'r meini,
Cyd-ernes yw'r coed arni,
Cyd-ddyheu a'i cododd hi.

Roedd Eirwyn yn athrylith, yn wir yn athronydd. Rwy'n cofio amdano fe'n cymharu dyn i blancyn:

'Os edrychi di'n fanwl ar blancyn o bren, fe alli di weld ambell dwist ynddo fe,' medde Eirwyn. 'Ac edrych di'n fanwl ar ddyn, ac fe alli di ei fesur e â dy lygaid a gweld y twist ynddo yntau hefyd. Ac os cei di dwist mewn plancyn neu mewn dyn, fe fydd hi'n anodd ei unioni fe.'

Roedd llawer o'i storïau'n seiliedig ar seiri ac ymgymerwyr. Roedd ganddo hanesyn am ddau saer o'i ardal ef fyddai'n cystadlu am waith, y naill yn ceisio cael y gorau ar y llall. Saer Blaenpant oedd un a'r llall yn saer o Synod Inn. Saer Blaenpant gafodd y gorau ohoni gyda rhigwm trawiadol iawn,

> Dau saer erioed a greodd Duw.
> Croeshoeliwyd un, mae'r llall yn fyw;
> Trueni yw na chreodd gant
> O seiri mawr fel Saer Blaenpant.

Fe fuon ni'n ffrindiau oes, a phan fu farw Eirwyn yn 1994, fi gafodd y fraint drist o'i gladdu fe. Fi wnaeth gladdu ei weddw, Elizabeth, hefyd ymron ugain mlynedd yn ddiweddarach. Ar ddiwrnod angladd Eirwyn ym Mynwent Pisgah yn Nhalgarreg fe ddaeth un atgof amdano yn ôl yn fyw iawn. Fe gwrddon ni un diwrnod ar y stryd yn Llanbed, ac roedd Eirwyn, fel finne, ddim yn unig yn saer coed ond hefyd yn ymgymerwr angladdau. A dyma fe'n gofyn i fi, â golwg ddwys iawn ar ei wyneb:

'Gwilym, dwed wrtha i, fyddi di'n cael claddu ambell i Sais?'

'Byddaf,' medde fi, 'fe fydda'i'n claddu crugyn ohonyn nhw.'

A dyma fe'n crafu ei ben o dan ei gap a dweud yn ddifrifol:

'Wel, fydda i ddim. A dweud y gwir wrthot ti, Gwilym, dw'i ddim yn credu bod y diawled yn marw!'

19

Oedd, roedd Eirwyn yn gymeriad a hanner. Fe wnaethon ni siario sawl digwyddiad doniol. Ac ar ddiwrnod ei angladd, yn arbennig, fe wnaeth yr atgofion lifo'n ôl. Yn wir, mae e'n dod nôl i'r cof yn aml ac yn dal i wneud i fi chwerthin a rhyfeddu at ei ddawn. A hiraethu hefyd.

* * *

Ar ôl dwy flynedd o fwrw prentisiaeth dyma alwad i'r Lluoedd Arfog. Fe ddeuai'r alwad i bawb o gyrraedd y deunaw oed. Fe gâi'r rheiny oedd yn gwneud gwaith angenrheidiol eu hesgusodi. Doedd gwaith saer ddim yn cyfrif ar gyfer hynny, felly fe ymunais i â'r Awyrlu. Am ryw reswm roedd y syniad o gael hedfan yn apelio ata'i. Mae gen i ddiddordeb mewn awyrennau o hyd.

Fe adewais i ar y trên yng nghwmni bachan o Lanymddyfri. Fe wnes i ddal y trên yn Stesion Llanwrda. Ddim ond unwaith o'n i wedi bod oddi cartre erioed cyn hynny. Ymweliad ag aelodau o'r teulu yn Llunden oedd hwnnw. Roedd hi felly'n fenter fawr i fachan ifanc fel fi oedd yn cael ei draed yn rhydd am y tro cyntaf. Roedd hi'n antur enbyd hefyd gan na wyddwn i beth oedd o 'mlaen i na phryd gawn i ddod adre nesaf. Ond ro'n i'n ifanc ac yn llawn disgwyliadau.

Yn West Kirby, ar benrhyn gogledd-orllewinol Cilgwri, neu'r Wirral, y cefais i fy hun gyntaf. Ond doedd dim sôn am gael hedfan, dim ond oriau o 'square bashing'.

Yn King's Lynn yn swydd Norfolk wedyn fe wnes i fynd i gyngerdd unwaith, a Vera Lynn yn canu. Hi, wrth gwrs, oedd y 'Forces Sweetheart'. Os caiff hi fyw, fe fydd hi'n gant ym mis Mawrth eleni. Wrth iddi ganu 'We'll Meet Again' fe ddechreuais i a dau arall ganu gyda hi yn y gynulleidfa. A fe wnaeth hi ein gwahodd ni fyny i'r llwyfan. Felly fe alla'i frolio i fi ganu gyda Vera Lynn!

Yna fe anfonwyd fi allan i Berlin fel rhan o'r awyrgludiad enwog, y *Berlin Airlift* yn 1948. Roedd y rhyfel drosodd ers tair blynedd ond roedd ei ôl i'w weld ym mhobman, adeiladau'n sarn a'r bobl yn edrych yn llwydaidd ac yn llawn anobaith. Dim rhyfedd. Roedd breuddwyd fawr Hitler wedi troi'n hunllef.

Yn dilyn y rhyfel roedd y Cynghreiriaid wedi rhannu'r rhanbarth a feddiannwyd. Roedd Berlin, wrth gwrs, yng nghanol y rhanbarth Sofietaidd. Rhannwyd y brifddinas yn bedwar rhanbarth. Ym mis Mehefin 1948, a'r Rwsiaid â'u bryd ar feddiannu Berlin gyfan, roedden nhw wedi cau pob ffordd, rheilffordd a chanal yng ngorllewin Berlin gan atal milwyr y Gorllewin. Y syniad oedd creu parth caeedig gan atal bwyd a diodydd rhag cyrraedd yno a gorfodi Prydain, Ffrainc ac America allan. Roedd y lle dan warchae, i bob pwrpas. Ond ymateb y Cynghreiriaid fu herio'r Sofietiaid. Llwyddwyd i gyflenwi'r rhanbarthau gorllewinol drwy hedfan nwyddau i mewn. Fe wnaeth hyn bara am dros flwyddyn pan lwyddwyd i gludo dros 2.3 miliwn o dunelli o gargo i mewn i Orllewin Berlin dan drwynau'r Rwsiaid. Hwn oedd y Rhyfel Oer cyntaf, ond nid yr olaf.

Roedd e'n waith peryglus oedd yn gofyn am sgiliau hedfan medrus. Ar ei anterth roedd yr awyrgludiad hwn yn cyflenwi bron 9,000 tunnell o fwyd a thanwydd y dydd ac erbyn mis Ebrill 1949 fe sylweddolodd y Rwsiaid nad oedd ganddyn nhw obaith o ynysu'r sectorau gorllewinol ac fe wnaethon nhw ildio.

O dan adain Rheolaeth Trafnidiaeth yr Awyr (*Air Traffic Control*) o'n i. Yno fe wnes i ddod i gysylltiad â Freddy Laker, y peilot gwylltaf a'r mwyaf di-hid a welwyd erioed. Fe ddaeth Freddy yn chwedl. Fe wnâi e gymaint ag y gallai i wylltio'r Rwsiaid. Yn wir, fe fydde fe'n gwylltio swyddogion Prydain lawn gymaint. Un tro fe hedfanodd i mewn mor isel fel i rai o'r Rwsiaid fynd i banic llwyr. Fe ddechreuon nhw

Yn llanc ifanc yn yr Awyrlu

danio at ei gilydd. Yn wir, fe laddwyd tua hanner dwsin.

Wedi'r rhyfel fe gychwynnodd Freddy ar bob math ar fusnesau hedfan yn cynnwys Laker Airways, y cwmni hedfan rhad cyntaf. Sefydlodd hefyd Sky Train yn 1977, y gwasanaeth hedfan dyddiol traws-Iwerydd cyntaf erioed, a hynny ddegawdau cyn bod sôn am EasyJet a Ryanair.

Doedd y cwmnïau masnachol mawr ddim yn hoff o Freddy. Roedd e'n dwyn eu busnes nhw. Ond fe'i gwnaeth hi'n bosib i hedfan i America am lai na £60. Fe wnaeth e filiwn o bunnau o elw yn ei flwyddyn gyntaf. Ond roedd e'n taflu arian bant fel conffeti, yn prynu Rolls Royce newydd bob blwyddyn. Fe gollodd ei ffortiwn yn ddiweddarach pan fethodd cwmni yswiriant Lloyds. Ond fe fuodd fyw nes oedd e'n 83 oed. Bu farw ddeng mlynedd yn ôl.

Beth bynnag, yn Berlin ar ddiwedd y pedwardegau roedd Freddy'n enwog, a'r Rwsiaid yn ei gasáu. Fe wnes i benderfynu cadw bant oddi wrth y Rwsiaid. Doedden nhw ddim yn fois i chwarae â nhw. Mae hynny'n wir o hyd.

Ar ôl gadael Berlin, fyny â fi wedyn i Norfolk a gwasanaethu ar Stad Sandringham, cartref gwledig y Teulu Brenhinol. Enw'r gwersyll oedd RAF Marham. Fe fuodd awyrennau Wellington a Mosquito yno, ond erbyn i fi ymuno â'r Awyrlu roedd Sgwadron 105 wedi ymsefydlu yno ac fe ddaeth Marham yn rhan o'r llu Pathfinder. Mae'r ganolfan yn dal yn agored. Roedd llawer o Americaniaid yno yn fy nyddiau i yn hedfan yr awyrennau bomio mawr.

Mae Sandringham wedi bod yn gartref gwledig i'r Teulu Brenhinol ers 1862. Erbyn hyn mae'r bedwaredd genhedlaeth o'r teulu'n ei ddefnyddio. Yn 1949, pan fyddai'r Brenin Siôr VI yn mynychu'r eglwys leol, fe fydden ni'n ffurfio sgwad fel gwarchodwyr iddo fe yn griwiau o bump. Fel cydnabyddiaeth fe gaen ni seibiant ychwanegol i fynd adre. Fe gymerai ddeuddydd i fi deithio adre a deuddydd arall i ddychwelyd. Ond roedd hi'n hyfryd cael mynd nôl nawr ac yn y man.

Hen boster yn hysbysebu'r busnes

* * *

Ddiwedd 1950 fe ddaeth fy nhymor yn y Lluoedd Arfog i ben. Fe wnes i, ar y cyfan, fwynhau'r profiad. Ond ro'n i'n falch ar yr un pryd cael dychwelyd adref ac ailgydio yn fy nghrefft. Yn fuan wedi i fi ffarwelio â'r Awyrlu fe es i ar fy liwt fy hunan fel saer coed llawn amser. Fe fu gen i weithdy mewn hen fecws, lle mae siop Sainsbury's nawr, yn union y tu ôl i lle'r ydw i heddiw. Ar y llofft oedd y gweithdy. Fe fyddwn i, ymhlith pethe eraill, yn gwneud coffinau a'u sleido nhw lawr y grisiau. Fe fues i yno am sbel cyn dod i hen siop

Hen lun cynnar o'r siop yn Stryd y Coleg

Rickets, lle rydw'i o hyd. Yma yn y fan hon wnes i ddechre llunio dodrefn o ddifrif.

Fe wnes i lwyddo i rentu'r siop oddi wrth y perchennog, Arthur Rickets, oedd â busnes gwerthu llestri. Lle bach oedd e bryd hynny, ac yn y cefn o'n i. Almaenwyr oedd teulu Arthur oedd wedi dod i'r ardal tua chanrif yn gynharach. Ei hen dad-cu ddaeth yma gyntaf. Mae'n dweud llawer am bobol Llanbed bod Almaenwr wedi cael parhau i fyw yn eu plith dros gyfnod y rhyfel.

Roedd Arthur wedi enwi'r siop yn Tŷ Dresden, neu Dresden House, a hynny am ddau reswm. Yn gyntaf, o Dresden yr oedd y teulu'n hanu. Yn ail, ystyrid porslen Dresden ymhlith llestri mwyaf safonol y byd. Dresden oedd prifddinas artistig yr Almaen yn y 19eg ganrif gyda deugain o grochendai a thua dau gant o stiwdios yn y ddinas ar gyfer peintio'r llestri. Roedd enwi'r siop yn Dresden House, neu Dŷ Dresden, felly yn benderfyniad addas iawn.

Pan ddes i yma doedd gan Arthur ddim teulu ar ôl na fawr ddim ffrindiau agos. Ef oedd yr olaf o'r teulu. Mae ei ragflaenwyr – ac yntau – yn gorwedd ym Mynwent yr Eglwys yma yn Llanbed. Dim ond fi oedd gydag e, mewn gwirionedd, yn ei henaint. Fe fydde'r merched hefyd yn gymorth mawr iddo drwy siopa ar ei ran a gofalu amdano. Yn wir, fe ddaeth yn ddibynnol arnon ni, a ninnau'n barod iawn i'w gynorthwyo.

Un bore yn 1980, tua phedwar o'r gloch fe ges i alwad ffôn. Roedd postmon yn y Swyddfa Bost gyfagos wedi gweld mwg yn dod allan o ffenest llofft yn yr adeilad. Draw â fi ar unwaith. Oedd, roedd y lle'n wenfflam a'r hen foi wedi colli ei fywyd. Roedd e'n 73 ac yn fethedig erbyn hynny ond wedi llwyddo i lusgo'i hunan i ben y grisiau. Ond yn ofer.

Ro'n i wedi prynu'r lle oddi wrtho fe yn 1978 gan setlo ar bris, a finne'n talu cyfraniad yn fisol. Fe ddaethon ni i gytundeb gydag amod y câi e barhau yma tan ddiwedd ei

Yr olygfa wedi'r tân a ddifrododd y siop yn 1980

Yr olygfa wedi'r tân a ddifrododd y siop yn 1980

oes. Syndod mawr i fi oedd canfod yn yr ewyllys iddo fe adael y lle i fi a diddymu'r ddyled oedd arna'i.

Ar ôl cymryd drosodd fe wnes i ailadeiladu'r lle yn llwyr ar ôl y tân. Fe wnaethon ni ailagor yr adeilad ar ei newydd wedd adeg Steddfod Genedlaethol Llanbed 1984. Roedd honno'n flwyddyn fawr. Ni gafodd y fraint o adeiladu Cadair yr Eisteddfod, wedi ei rhoi gan Wasg Gomer. Fe'i henillwyd gan Aled Rhys Wiliam.

Roeddwn i wedi cael prentisiaeth dda gan D. J. fel saer dodrefn. Roedd hwnnw, yn ei dro, wedi bod yn gweithio gyda saer a gâi ei adnabod fel Evans Cab, hwnnw hefyd yn saer dodrefn nodedig iawn. Saer cyffredin o'n i cyn hynny. Ar hyd y blynyddoedd ry'n ni wedi arbenigo ar gelfi traddodiadol. Ond mae'n bwysig hefyd eich bod chi'n gwybod beth sydd yn y ffasiwn. Fe ddigwyddodd rhywun ddweud wrtha'i fod yna sioeau dodrefn lan yn Llunden, ac fe ddechreuais fynd fyny yn achlysurol. Fe fyddwn i'n dal ar y cyfle hefyd i weld ambell i angladd yno er mwyn cadw fyny â'r arferion diweddaraf.

Roedd cyfle yn Llunden i weld y ffasiwn ddiweddaraf ym myd y celfi mewn arddangosfeydd yn Earls Court ac Olympia. Weithiau fe fyddwn i'n dal y trên olaf adre ar nos Sul. Ac yno fe welais i ambell olygfa ryfedd. Fe fydde rhai o Gardis Llunden, wedi iddyn nhw farw, yn cael eu cario adre ar y trên i'w claddu yn ôl eu dymuniad yn yr hen sir.

Fe gâi'r coffin ei osod yng ngherbyd y Gard a chyn i'r trên dynnu allan o Stesion Paddington fe fydde yna ganu ar y platfform, 'Mae nghyfeillion adre'n myned' ac emynau angladdol eraill. Roedd e'n arferiad i'r Cardis alltud ddod adre i gael eu claddu. Pan fydde angladdau rhai ohonyn nhw dan fy ngofal i, fe fyddwn i'n cwrdd â'r arch ar blatfform Stesion Llanbed tua saith o'r gloch y bore. Fe ddaeth llawer iawn ohonyn nhw nôl i'w claddu. Dyna hanes y Cardi Llunden erioed. Hwyrach fod ei waled e yn y ddinas fawr ond roedd ei galon yn sir Aberteifi. Dyw'r Cardi byth yn anghofio'i wreiddiau.

Yn ardal Llanbed bryd hynny roedd ymron bymtheg o ymgymerwyr angladdau, a'r rheiny hefyd yn seiri coed. Roedd yna dri yng Nghwm-ann yn unig. Yn Llanbed fe alla'i gofio tri yn Heol y Bont a thri arall yn Heol Newydd. Seiri cyffredin oedden nhw ond yn medru troi hefyd at drefnu angladdau, yn cynnwys llunio eirch. Dim ond ni sydd yma nawr. Gyda chymaint o gystadleuaeth yn y busnes claddu fe fuodd hi'n anodd torri drwodd. Fe wnes i ddechre heb ddimai goch y delyn. Teulu tlawd oedden ni. Fe ddes i mas o'r Awyrlu gyda dim ond £18.10s a siwt *demob*.

Fe logais i adeilad wedyn yn Bryn Road fel lle i arddangos celfi. Enw'r lle oedd Ormond House, wedi ei enwi ar ôl stad Deri Ormond gerllaw yn Betws Bledrws. Yn y cyfamser fe ddechreuais i gael ambell angladd. Fe alla'i ddweud wrthoch chi beth oedd cost angladd bryd hynny. Fe fydde'r tâl yn y pumdegau am fynd mewn i'r eglwys, llunio arch, torri bedd a hurio hers oddi wrth J. W. Davies yn £27. Mae'r hen dderbynebau o'r cyfnod gen i o hyd.

Fe allai gymryd diwrnod cyfan i fi lunio arch. Mae llawer o'r hen goed yn dal yma. Ar ben fy hunan fues i fwyaf, ond yn ddiweddarach fe ges i gymorth D. J., oedd wedi ymddeol yn swyddogol ond yn dal i fynnu rhoi help llaw.

Heddiw mae cost angladd cyffredin tua £4,000. Mae cost torri bedd ym mynwent eglwys a thalu ffi yr eglwys yn unig heddiw tua mil o bunnau. Ar ben hynna, wrth gwrs, mae costau fel llunio arch, argraffu taflenni ac yn y blaen.

Gall costau angladd heddiw fod yn amrywiol ac yn niferus. Maen nhw'n cynnwys yr arch neu'r blychau llwch, cludiant a gofal am y galarwyr, gweinyddiad yr angladd, taliadau amlosgi, ffioedd meddyg, ffioedd eglwysig, cost bedd a'r tâl am ei agor, blodau, cyhoeddiadau'r wasg, taflenni, yr hers a'r ceir a'r arlwyo. Ar ben hynny gall cost gweinyddu eiddo a stad gan dwrne gostio tua £2,000.

Yn ôl ystadegau swyddogol mae cost angladd wedi codi 88 y cant dros y deng mlynedd diwethaf. Erbyn 2020, dywed yr ystadegau eto, gall cost angladd godi'n gyffredinol i £11,000 ar ei isaf a fyny at £24,000. O ganlyniad mae tua hanner miliwn o bobl yn y DG wedi tynnu allan ryw fath ar gynllun yswiriant. Dull cyfleus o dalu heddiw yw'r cynllun talu rhag blaen. Gellir trafod beth fyddai'r gost yn

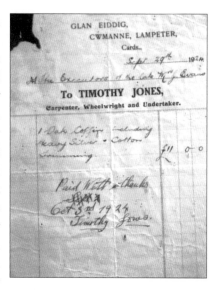

Penawdau llythyron o'r dyddiau cynnar yn nodi cost angladd

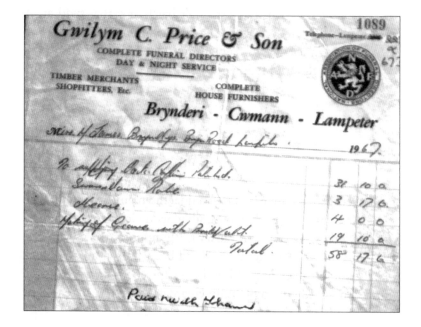

Cael fy anrhyddeddu fel un o sefydlwyr y Gymdeithas Annibynnol SAIF

Tystysgrif yn nodi'r anrhydedd o gael fy ngwneud yn Gymrawd.

gyfan gan hwyluso ac ysgafnu'r baich ar y rhai sydd ar ôl. Gellir wedyn setlo gydag un taliad terfynol neu dalu bob mis. Mantais hyn yw na fydd y gost yn codi yn y cyfamser. Y pris y setlir arno fydd y pris a delir. Fydd chwyddiant ddim yn cael ei ystyried.

* * *

Mae gen i hers ceffyl. Fe fydda'i'n dal i'w ddefnyddio fe weithiau. Dyna beth wnes i ei ddefnyddio ar gyfer angladd George Chapman, yr artist a ddaeth yn enwog am ei luniau o'r Cymoedd. Bachan o Lunden oedd George ond un dydd fe ddigwyddodd yrru drwy'r Rhondda ac fe gwympodd mewn cariad â'r lle. Fe enillodd Fedal Aur yr adran gelf yn Eisteddfod Genedlaethol Llangefni 1957 ac yn 1964 fe symudodd i fyw a pheintio yn ardal Aberaeron ac fe fu farw

Ar yr hers ceffyl gyda Rhodri a Rhys yn blant

Rhodri a Rhys ar yr hers ceffyl gyda pherchennog y ceffylau, Marc Evans

Ein hers ceffyl ni yn rhan o ffilmio Y Llyffant ar gyfer S4C wedi ei seilio ar sgript Ray Evans

Marc Evans yn gyrru a'i geffylau yn llusgo'r hers

Marc gyda'r hers a'r ceffylau y tu allan i Gaersalem, Parc-y-rhos

Angladd hers ceffyl yr artist George Chapman yn 1993

*Gyda hers y cwmni. Fe'i hadeiladwyd gan Gwmni James, Aberteifi
yn chwedegau'r 19eg ganrif*

yn 1993 a'i gladdu yn Llannerch Aeron. Mae ei baentiadau heddiw yn werth cryn arian.

Fe fydd galw weithiau o hyd, fel yn achos teulu Chapman, am ddefnyddio hers ceffyl, a bydd y mwyafrif mawr o ymgymerwyr yn gorfod hurio un. Fe brynais i hi yn ardal Llandysul, hen hers y plwyf oedd yn cael ei chadw wrth ymyl Capel Pantydefaid. Mae hon yn un arbennig, wedi ei hadeiladu yn sir Aberteifi gan gwmni James yn 1860, yr unig un sy'n dal i gael ei defnyddio yn y sir bellach. Pan wnes i glywed ei bod hi ar werth, fe benderfynais i fynd amdani, costied a gostio. Ar y pryd doedd yna'r un ar ôl yn yr ardal. Lawr â fi i'r arwerthiant ond fe ddechreuodd rhyw foi o Iwerddon fidio yn fy erbyn i. Y ffeirad, y Parchg Islwyn John oedd yn gwerthu, ac ro'n i'n ei nabod e'n dda.

Lwc pur oedd i ni glywed fod yr hers ar werth o gwbwl. Roedd Cerdin mewn angladd ym Maesyucrugiau pan ddigwyddodd e glywed Islwyn John yn dweud wrth Sam Jones fod angen iddo fynd adre i weld rhywun oedd am brynu hers ceffyl. Oni bai i Cerdin ddigwydd clywed y sgwrs fe fyddai'r hers wedi mynd i Iwerddon. Fe ddywedodd Cerdin wrth Islwyn am beidio â gwerthu nes i ni gael cyfle i roi cynnig.

Chwarae teg i Islwyn, fe sylweddolodd fod ganddon ni wir ddiddordeb ac fe deimlodd na ddylai'r hers, os yn bosib, adael y sir. Yn yr arwerthiant fe wrthododd Islwyn gynigion y Gwyddel a dweud fod yr hers wedi'i gwerthu eisoes. Roedd hynny'n hollol wir gan i ni ddweud y gwnaem ni fynd uwchlaw unrhyw gynigion gan y Gwyddel. Beth bynnag wnâi e ei gynnig, fe fydden ni'n fodlon mynd yn uwch. Fe gostiodd ymron fil o bunnau i fi, a hynny, cofiwch, ddeugain mlynedd yn ôl. Heddiw mae hi'n werth rhwng deg a phymtheg mil yn hawdd. Ro'n i'n teimlo, fel Islwyn, ei bod hi'n bwysig ei bod hi'n aros yn y sir. Yr unig ddarnau ohoni sydd ddim yn rhan o'r adeiladwaith gwreiddiol yw'r

Ein hers gyntaf, Austin Devon a brynwyd yn
Briarly Hill, Birmingham yn y 60au

Ein hail hers, Austin 3 liter a brynwyd oddi wrth
Cascade Motors, Manceinion yn yr 80au

Hers Ford y cwmni a brynwyd yn 1984

olwynion. Fe lunion ni olwynion newydd a chael John, fy mrawd, i osod bandiau haearn newydd arnyn nhw yn ei efail yn Nhalsarn. Fe ffilmiwyd y gwaith hwnnw ar gyfer *Hel Straeon* ar S4C gyda phlant yr ysgol leol yn gwylio.

Fe fu prynu'r hers yn werth pob dimai. Ac mae ganddon ni gofnodion o'r holl angladdau pan ddefnyddiwyd yr hers o 1940 hyd 1962. Mae hi'n un o'r hersiau ceffyl pertaf i fi ei gweld erioed. Pan fydde angen hers ceffyl, fe fydden ni gynt yn hurio dau geffyl du oddi wrth fachan o Gribyn, dau geffyl tawel. O ardal Llangadog maen nhw'n dod nawr, ceffylau Friesian. Mae'r brid hwnnw'n dod yn wreiddiol o Friesland yn yr Iseldiroedd ac yn enwog mewn *dressage* a gyrru. Fe fyddwn ni'n eu gwisgo nhw'n grand ar gyfer angladd. Mae'n werth eu gweld nhw bryd hynny. Maen nhw a'r hers yn bictiwr. Mam a'i hebol yw'r ddau ar hyn o bryd, yr ebol erbyn hyn tua saith oed a'r fam tua phymtheg. Yn wir, fe aeth Cerdin â'r fam lawr i Gaerdydd i stiwdios y BBC ar gyfer

Rhaglen Hywel Gwynfryn un tro, a'r hen gaseg yn ymddwyn yn berffaith.

Ry'n ni'n dal i gael cais weithiau am angladd hers ceffyl, un neu ddau bob blwyddyn. Ond yr hers modur cyntaf wnes i ei phrynu oedd hen Austin Devon ail-law rywbryd yn y chwedegau. Fedrwn i ddim fforddio un newydd. Fe aeth Cerdin i'w nôl hi i Briarly Hill ger Birmingham. Ei rhif hi oedd 537 DRS. Roedd y gêr ar y golofn lywio. Fe brynon un wedyn o Cascade Motors ym Manceinion yn yr 80au. Un o gerbydau cwmni'r Co-op oedd hwn, wedi bod mewn defnydd yn Abertawe, Austin tair liter. Wedyn dyma brynu Austin arall cyn prynu un o'r ddwy sydd gyda ni nawr. Ac wedyn y Daimler.

Petawn i'n prynu hers newydd heddiw i gymryd lle'r Daimler – cwmni Jaguar sy'n eu gwneud nhw bellach – fe gostiai £136,000, hanner pris bws. Y dull heddiw yw prynu cerbyd oddi wrth y cwmni. Mae adeiladwyr cyrff ceir wedyn yn torri'r car yn ddau ac yna gosod cefn newydd arno. Dim ond dau gwmni sydd ym Mhrydain gyfan yn gwneud y gwaith arbenigol hwn. Mae'n werth gwario ar hers neu gar cyffyrddus ar gyfer angladdau. Wedi'r cyfan, fe fyddwn ni ynddo fe weithiau am dair neu bedair awr. Mae hi'n deirawr i fynd lawr i Amlosgfa Arberth a nôl, felly mae'n bwysig cael hers sydd ddim yn unig yn gyffyrddus ond sydd hefyd â digon o le.

Y prif yrrwr oedd ganddon ni ar un adeg oedd Ifan Williams, Wyngarth. Roedd Ifan yn gymeriad diddorol ac wedi bod yn shoffyr ar stad fawr mas yn India, stad teulu Evans, Plas y Dolau ar ddiwedd cyfnod y Raj, pan oedd Prydain yn llywodraethu.

Mae yna hanesion dirifedi am Ifan. Petai angladd yn Llanwenog, er enghraifft, fe fydde Ifan yn cadw at yr un patrwm. Ar draws y ffordd roedd tafarn Ty'n Porth, ac i mewn ag ef. Fe fydde'n ddansherus gadael i Ifan yrru'r hers adre. Roedd ganddo fe gymaint o ffrindiau'n prynu cwrw iddo fe fel na fydde fe mewn cyflwr i yrru.

Un tro fe gawson ni alwad allan i Gaeo lle'r oedd rhywun wedi marw'n sydyn a rhaid oedd mynd â'r corff i Gaerfyrddin am archwiliad. Roedd e wedi dioddef damwain angheuol â llif gadwyn. Gyda'r dyn pan fu farw roedd moped. A rhaid oedd mynd â hwnnw hefyd i'w archwilio. Cerdin aeth draw yno gydag Ifan. Yn yr hen hersiau cynnar roedd dau ddrws yn y cefn, un yn agor i fyny ar gyfer derbyn yr arch ac un arall o dan lawr yr hers yn agor am i lawr. Fe osododd Ifan yr arch ar y top ac yna gadael y drws gwaelod yn agored a stwffo'r moped i waelod yr hers. Gyda'r holl bwysau roedd yr hen hers yn neidio fel ceffyl.

Roedd Ifan yn ddyn hynod. Fe gadwodd gyfrif manwl o bob angladd y bu'n rhan ohono gydol ei yrfa, ac mae'r cofnodion ar gael o hyd. Roedd gan Ifan barch mawr i'w alwedigaeth ac mae pori drwy'r cofnodion yn dod yn ôl ag aml i atgof.

Heddiw mae gen i Daimler yn ogystal â Ffordyn, y naill yn un du a'r llall o liw porffor. Does dim angen prawf arbennig ar gyfer gyrru hers. Fe basies i'r prawf gyrru wedi i fi ddod adre o'r Awyrlu ac rwy wedi bod yn gyrru byth ers hynny.

* * *

Fe ddylai'r gwasanaeth a gaiff ei gynnig gan ymgymerwr fod yn un eang. Wedi i deulu neu unigolyn ein hysbysu o farwolaeth, y gorchwyl cyntaf yw symud y corff, i gapel gorffwys fel arfer. Gynt, câi'r ymadawedig ei gadw yn ei arch yn y cartref tan ddydd yr angladd. Yn aml iawn byddai'r arch yn gorwedd yn agored yn y parlwr fel y gallai aelodau o'r teulu a ffrindiau alw i dalu gwrogaeth. Ond nawr, caiff y corff ei symud bron ar unwaith os nad oedd y farwolaeth yn un sydyn iawn neu'n un amheus. Os hynny rhaid hysbysu'r awdurdodau.

Rhaid cael meddyg i ddarparu tystysgrif marwolaeth, wrth gwrs. Ond heddiw, yn wahanol i'r hen ddyddiau, pan ddeuai meddyg allan gyda'r nos neu ar benwythnosau, fe all parafeddyg alw. Fe fydd hwnnw wedyn yn cysylltu â'r meddyg teulu, y crwner neu'r heddlu, yn ôl y galw, ac yn dibynnu ar amgylchiadau'r farwolaeth. Fe fyddwn ni hefyd yn cysylltu â'r torrwr beddau ac awdurdodau'r fynwent ar gyfer claddedigaeth.

Gynt, fe gâi'r corff ei baratoi, neu ei 'droi heibio', yn y fan a'r lle. Ond heddiw caiff hynny ei wneud yng nghanolfan yr ymgymerwr. Y tueddiad fel arfer yw cadw'r corff wedyn yn y capel gorffwys tan fore'r angladd pan gaiff, os yw'r teulu'n dymuno, ei gludo'n ôl i'w hen gartref. Bydd yr angladd wedyn yn codi o'r tŷ. Ond mae mwy a mwy heddiw'n dymuno i ni fynd â'r corff yn union i addoldy neu'n union o'r capel gorffwys i'r fynwent.

Bydd ambell deulu'n gofyn am i'r ymadawedig gael ei bêr-eneinio. Yn wir, mae tua hanner y bobol fyddwn ni'n delio â nhw'n dymuno hynny bellach. Mae hyn yn dueddol o ddigwydd os bydd cryn amser rhwng y farwolaeth a'r angladd. Fe fyddwn ni'n hunain yn gwneud hynny, yn ôl y gofyn, ond mae ganddon ni hefyd arbenigwr y medrwn ni droi ato.

Fe fyddwn ni'n trafod â'r teulu, wrth gwrs, eu dymuniad o ran eu dewis o arch a threfn y gwasanaeth. Fel arfer, ar gyfer claddu, arch derw fydd y dymuniad, un solet. Os mai amlosgi fydd y dymuniad mae modd archebu arch rhatach. Ond mae amryw'n dymuno cael arch derw'r un fath er bod y cyfan, yn cynnwys yr arch a'r handlau, yn mynd i'r tân. Popeth, yr arch yn gyfan a'i gynnwys. Dim ond y blodau gaiff eu harbed. Yr hyn nad yw'r rhan fwyaf o bobol yn ei sylweddoli yw bod hawl ganddyn nhw i weld y llosgi. Ond ychydig iawn sy'n dymuno gwneud hynny. Mae hynny, wrth gwrs, yn ddealladwy.

Mae'n rhaid bod wedi gofalu cyn corfflosgi nad yw'r ymadawedig wedi cael rheoliadur y galon wedi ei osod yn ei gorff. Rhaid tynnu hwnnw oherwydd y perygl mawr o ffrwydriad. Yn wir, mae enghreifftiau o hyn wedi digwydd gyda chanlyniadau difrifol. Ac yn dilyn difrod o'r fath, y teulu fydd yn gorfod talu'r costau. Fe all rheiny fod yn rhai sylweddol iawn.

Mae'r gost o gael gwasanaeth a chorfflosgi yn Aberystwyth, er enghraifft – yr amlosgfa agosaf i ni – yn oddeutu £700 ar ddydd gwaith, a hynny'n cynnwys tystysgrif ar gyfer claddu'r llwch mewn mynwent. Ond ar ddydd Sadwrn gall godi i £900. Mae hi'n cymryd tua thridiau wedyn cyn i ni gael y llwch yn ôl i'w gyflwyno i'r teulu naill ai i'w gladdu neu ei chwalu mewn man arbennig.

Mae'r dewis o eirch yn eang iawn ac mae ganddon ni lyfrynnau lliw ar gyfer dewis. Gall y pris amrywio o bedwar neu bum cant i fil o bunnau. Eirch parod gaiff eu defnyddio heddiw er ein bod ni'n barod i lunio arch o hyd yn ôl y dymuniad. Gyda mwy a mwy o bobol yn ymwybodol o bwysigrwydd gofalu am yr amgylchedd, mae yna fwy o alw am eirch gwiail, ond fe all hyd yn oed rheiny gostio hyd at saith gan punt.

Weithiau – yn wir yn aml – fe ddaw cais am i'r ymadawedig gael ei gladdu gyda rhywbeth a wnaeth olygu rhywbeth arbennig iddo yn ei fywyd. Pibell neu getyn, er enghraifft. Gemwaith wedyn neu ddarlun. Ac yn arbennig ffon. Hefyd, yn hanes cyn-filwyr, hwyrach, eu medalau milwrol. Mewn un achos rwy'n cofio i ni gladdu gwerth ffortiwn o aur oedd am fysedd ac o gwmpas garddyrnau a gwddf ac yng nghlustiau hen wraig o sipsi. Hi oedd y penteulu. Fe ofalodd y perthnasau eu bod nhw yno wrth i'r arch gael ei gau. Mae'r ffortiwn yna yn dal yn gorwedd dan y ddaear. Fe wn i ymhle, ond wna'i ddim dweud.

Ac o sôn am angladd Romani, fe ges i gais unwaith i losgi carafán yn ôl yr hen draddodiad. Lawr ar waelod y dre yma yn Llanbed ddigwyddodd y peth. A fi gafodd y gorchwyl o danio'r fatsien a llosgi'r garafán yn ulw. Roedd yr ymadawedig wedi ei chladdu ym mynwent y dref. Hen garafán draddodiadol a gâi ei llusgo gan geffyl oedd hi. Dyna i chi beth oedd profiad anghyffredin. Mae hanes tebyg yn nofel T. Llew Jones, *Tân ar y Comin.* Wn i ddim am neb sydd ar ôl yn yr ardal bellach a gafodd y fath brofiad.

Nôl yn 2003 fe wnaed rhywbeth tebyg fel rhan o angladd Joseph Smith, a ystyrid yn Frenin y Romani. Roedd e wedi crwydro ledled Prydain cyn setlo yn Aberhonddu. Fe fu farw yn 82 oed ac fe ddaeth dros gant i'r angladd, rhai o Iwerddon. Fe gariwyd yr arch ar gefn lori sgrap gyda thri cerbyd pic-yp yn llawn blodau yn dilyn. Y noson cynt fe gadwyd gwylnos o gwmpas tân yn yr awyr agored ac fel rhan o'r angladd fe losgwyd ei garafán a'i eiddo. Ond carafán modern oedd hwnnw.

Angladd anghyffredin arall oedd un Ifor Thomas, Pont Creuddyn. Roedd Ifor wedi creu busnes llwyddiannus iawn fel masnachwr prynu a gwerthu ceir a datgymalu hefyd gan werthu eu cynnwys sgrap. Mae'r cwmni'n dal i fynd ac yn nwylo'i feibion. Cynhaliwyd y gwasanaeth angladdol, a weinyddwyd gan y Parch. Ganon Aled Williams, ar iard y cwmni a chludwyd yr arch ar gefn lori.

* * *

Y bwriad bob amser, waeth beth fydd ffurf angladd, fydd dwyn cymaint o bwysau ag sy'n bosib oddi ar ysgwyddau'r teulu sy'n galaru. Hynny yw, gwneud popeth posib ar eu rhan. Trefnu pwy sy'n teithio yn y gwahanol gerbydau, er

*Angladd Ifor Thomas, Pont Creuddyn. Bu hwn yn angladd gwahanol.
Cynhaliwyd y gwasanaeth angladdol, a weinyddwyd gan y Parch. Ganon
Aled Williams, ar iard cwmni prynu a gwerthu a datgymalu ceir Ifor a
chludwyd yr arch ar gefn lori*

Gosod arch Ifor ar gefn y lori

enghraifft. Ry'n ni'n fodlon casglu'r cyfraniadau os oes dymuniad i dderbyn rhoddion at achosion da. Trefnu'r blodau. Dewis carreg fedd wedyn.

Mae mwy a mwy o alw heddiw hefyd am gladdu mewn mannau y tu allan i fynwentydd traddodiadol. Mae modd, o fynd trwy'r awdurdodau pwrpasol, cael hawl i gladdu mewn llecyn fel cae neu goedlan, rhywle, hwyrach, oedd yn golygu rhywbeth i'r ymadawedig. Mae'n rhaid i'r heddlu gael cofnod o hynny. Rhaid hefyd gynnwys y wybodaeth yng ngweithredoedd perchnogaeth y tir dan sylw. Gelwir y fath angladdau yn angladdau gwyrdd neu ecolegol a defnyddir eirch bioddiraddadwy fel arfer. Golyga hynny y gwnaiff y corff a'r arch wedyn fadru'n naturiol gan ddod yn rhan naturiol o'r fam ddaear. Hynny yw, pridd i'r pridd. Fel arfer ni chaniateir cerrig beddau ond mae plannu coeden ar fedd yr ymadawedig yn arferiad poblogaidd iawn.

Un newid mawr yw'r galw cynyddol am angladdau digrefydd. Mae hyn yn adlewyrchu'r trai yn ein haddoldai a'r twf yn y bywyd seciwlar. Yn wir, mae yna rai gweinidogion yr efengyl sy'n barod i gynnal y fath wasanaethau. Ond beth bynnag fydd y dymuniad, fe wnawn ni bopeth ar gyfer trefnu'r gwasanaeth, hysbysu'r papurau drwy'r colofnau marwolaethau a pharatoi'r taflenni angladdol ar gyfer eu hargraffu.

Un o'n datblygiadau pwysicaf fu agor ein canolfan orffwys yn Stryd y Bont ddiwedd 2000. Fe wnaethon ni brynu hen safle Siop Quann ar gyfer codi'r adeilad. Yno mae holl adnoddau ac anghenion y busnes. Mae yno swyddfeydd, stafelloedd ymweld preifat, theatr fel un ysbyty ar gyfer trin y corff, yn cynnwys, ymhlith gorchwylion eraill, pêr-eneinio. Mae yno gapel gorffwys, wrth gwrs, sy'n dal tua 60 o alarwyr, a hwnnw'n un aml-enwadol gyda darpariaeth ar gyfer yr anabl.

Enw'r ganolfan yw Y Gorwel ac ar draws y ffenestri lliw

Ffenestri lliw'r capel gorffwys a agorwyd yn 2000

Y tu mewn i'r capel gorffwys yn Stryd y Bont, Llanbed

mae llinell o gynghanedd o waith y Prifardd Idris Reynolds,

'Ni bu hiraeth heb orwel'.

Mae honna'n llinell addas iawn ar gyfer capel gorffwys. Ni
ein hunain wnaeth y gwaith o gynllunio a chodi'r adeilad gan
hurio crefftwyr lleol yn ôl y galw.

Yn cael ei storio yn y Gorwel mae llwch dros drigain o
bobol. Mae llawer ohonyn nhw'n perthyn i gymar a fu farw,
a'r teulu am aros nes i'r cymar arall farw cyn gwasgaru llwch
y ddau gyda'i gilydd. Mae'r hynaf yn mynd yn ôl i 1958.

Mae ymarweddiad ac ymddygiad yr ymgymerwr a'i staff
yn hollbwysig i ni. Dw'i ddim yn credu y gall pawb wneud y
gwaith. Nid yn unig mae'n waith arbenigol, mae'n rhaid
hefyd bod yr elfen ynddoch chi. Mae gofyn i chi gofio eich
bod chi'n delio â phobol mewn galar, pobl sydd ar eu man
isaf mewn bywyd. Dydi parch ynddo'i hunan ddim yn
ddigon. Fe awn i mor bell â dweud nad galwedigaeth yn unig
yw trefnu angladdau. Mae hi hefyd yn grefft.

Elfen bwysig arall yw urddas. Mae'n rhaid i chi edrych y
part, bod yn y wisg iawn. Weithiau fe fydd tri ohonon ni
gyda'n gilydd mewn angladd, fi, Cerdin y mab a Rhys yr ŵyr,
a'r tri ohonon ni wedi'n gwisgo'r un fath, yn cynnwys
trowser streipog, cot cynffon hir a het uchel.

Mae yna rai pethe digon rhyfedd wedi digwydd i fi.
Rwy'n cofio unwaith mynd â chorff i Gaerfyrddin i'w
archwilio. Roedd y doctor wedi cadarnhau fod y dyn wedi
marw. Fe wnes i gludo'r ymadawedig yn ôl y gorchymyn i'r
marwdy i'w archwilio. Ymhen ychydig amser ar ôl cyrraedd
adre fe dderbyniais i alwad ffôn yn gofyn i fi ddod nôl i
gasglu'r dyn. Roedd y dyn yn fyw.

Waeth pa mor gyfarwydd ddewch chi â delio â'r meirw,
fedrwch chi byth â thyfu i fod yn ddideimlad. Mae hynny'n
arbennig o wir pan mae gofyn trefnu angladdau plant a

phobol ifanc. Y gwaethaf ges i oedd canfod pedwar wedi'u lladd mewn un car yn ardal Aberaeron. Yn wir, roedd pump ynddo fe. Llwyddodd y pumed, drwy ryw ryfedd wyrth, i ddod allan o'r car ac fe'i ffeindiwyd e'n cerdded yn ddryslyd ar hyd y ffordd fawr.

Dros y blynyddoedd fe gawson ni angladdau nifer o bobol flaenllaw. Ni gafodd y fraint o drefnu angladd Gwynfor Evans, a fu farw yn 92 oed yn 2005. Roedd strydoedd Aberystwyth, yn dilyn gwasanaeth i'r teulu ar yr aelwyd ym Mhencarreg, i bob pwrpas ynghau a Chapel Seion yn Stryd y Popty yn orlawn a channoedd y tu allan yn gwrando'r gwasanaeth dros uchelseinydd. Credir bod dros ddwy fil o bobol yno. Yn cerdded o flaen yr arch roedd pibydd yn chwarae alawon gwladgarol, a baner y Ddraig Goch wedi ei thaenu dros yr arch. Gosodwyd dwy sgrin deledu anferth mewn capel cyfagos fel y gallai rhai

Angladd Gwynfor Evans yn 2005,
un o'r angladdau gwladol mwyaf yn hanes y busnes

ROBINSON
Bombardier
Samuel Joseph "Robbo"

Tragically, whilst on active duty in Service for his Country, Samuel of Bronwydd, Carmarthen, beloved son of Alison and Dennis, much loved dear brother of Diana, Justin and Corinna, dear grandson of Mary.
Funeral service at St Mary's R.C. Church, Carmarthen, on Friday, July 30, 2010 at 12 noon, prior to cremation at Parc Gwyn Crematorium, Narberth at 1.45pm.
Family flowers only, but donations if desired, towards the Golden Grove Mansion - Healing the Wounds, may be given to Gwilym C Price Son & Daughters, Funeral Directors, 1 & 2 College St, Lampeter. SA48 7DY. Tel. 01570 422673.

Western Mail WalesOnline... Saturday, 31 July 2010

■ The funeral at St Mary's Church in Carmarthen yesterday of Bombardier Samuel Robinson, below

Soldier's funeral hears bishop plead for better funding for safer kit

Bydd ambell angladd yn cael cryn sylw yn y wasg.
Cyhoeddiad papur newydd o angladd milwr a laddwyd yn Affganistan,
'Robbo' Robinson o'r Bronwydd ger Caerfyrddin.
Ac erthygl papur newydd yn adrodd ar yr angladd.

ychwanegol wylio'r gwasanaeth. Dyma yn sicr yr angladd mwyaf i ni fod yn rhan ohono, a'r angladd agosaf, mae'n siŵr gen i, at fod yn angladd gwladol fel un Lloyd George.

Ni hefyd wnaeth drefnu angladd Julian Cayo Evans yn 1995. Fe fynnodd y teulu bod y corff yn gorffwys yn y parlwr ym mhlasty'r teulu, Glandenys tan yr angladd. Ar ddydd yr angladd, yn hytrach na chludo'r arch yn yr hers, mynnodd ei deulu a'i ffrindiau ei gario'r filltir o'r tŷ y tu ôl i'r hers yr holl ffordd fyny'r rhiw i Fynwent Silian.

Roedd sibrydion cryf y byddai rhywun neu rywrai yn tanio ergydion wrth i'r arch gael ei ddaearu, yn null angladdau aelodau o'r IRA. Roedd heddlu cudd yn bresennol, ac wrth i'r arch gael ei ollwng, fe gamodd dyn ymlaen yn cario bocs. Alun Wyn Dafis oedd hwnnw. Roedd yr awyrgylch yn drydanol. Fe glosiodd yr heddlu cudd at y bedd wrth i Alun Wyn agor y bocs. Yn hytrach na thynnu allan ddryll, tynnodd allan acordion a chwaraeodd hoff dôn Cayo, 'The Cuckoo Waltz'!

Roedd Cayo'n gymeriad amlwg iawn yn yr ardal, pawb yn ei adnabod. Roedd e'n fachgen mor lliwgar, yn aml yn dod draw i'r dre ar gefn ceffyl. Fe fu farw'n sydyn yn ddim ond 57 oed. Mae'r mab, Rhodri a'i deulu'n dal i fyw yn yr hen gartref yn Nglandenys a'r ferch, Dalis, hefyd yn byw gerllaw.

* * *

Rwy wedi ceisio bod ar flaen y ffasiwn erioed. Nid yn unig o ran y busnes ond hefyd o ran y bywyd teuluol. Fe godais i dŷ newydd, Brynderi, yng Nghwm-ann drigain mlynedd yn ôl bellach, gwneud y gwaith fy hunan a chael help gyda'r bricio gan ffrindiau o'r trêd. Fi wnaeth y gwaith coed gyda help Dai Morgan drws nesaf. Fe fu Mam yn byw yno gyda fi. Fe brynais i un o ddau blot oedd ar werth ac fe gymerodd ddwy flynedd i gwblhau'r gwaith. Hwnnw oedd y tŷ preifat cyntaf i'w godi yng Nghwm-ann ers blynyddoedd maith. A phawb yn ceisio dyfalu o ble ges i'r arian. Roedd Mam yn fenyw dlawd. Ond roedd gen i ffrind da yn un o'r banciau ac fe gynorthwyodd hwnnw fi ar gyfer sicrhau benthyciad gan gymdeithas adeiladu. Ro'n i wedi amcangyfrif y gwnâi'r gwaith gostio tua £900 i fi ond fe gostiodd yn hytrach £1,100.

Yno y gwnes i a Phyllis ein cartref ar ôl priodi, ac yno y ganwyd y plant. Mae amryw yn sylwi ar y gwaith addurniadau haearn y tu allan, yn rheiliau a gatiau crand. Gwaith John fy mrawd yw'r rheiny.

Cwrdd â'r ddarpar wraig, Phyllis, mewn dawns wnes i. Roedd hi'n dod o ardal Llandysul. Fe briodon ni yn 1957. Yr hynaf o'r plant yw Cerdin. Mae ei fab hynaf, Rhys bellach yn

Cywion o frid. Rhys a Rhodri, yr wyrion yn blant

bartner llawn yn y busnes. Mae'r ail fab, Rhodri yn ddeunaw oed â'i fryd ar weithio mewn dylunio cynnyrch ac wedi mynd i goleg. Mae e'n rhoi help llaw i ni pan fo angen. Mae Lois, merch Cerdin sy'n 15 oed, yn dal yn yr ysgol ac yn weithgar iawn gyda mudiad y Ffermwyr Ifanc. Fe fydd hi'n rhoi help llaw ar ddydd Sadwrn ac adeg gwyliau ysgol.

Mae fy merch hynaf, Annwyl, fyny yn swydd Buckingham yn athrawes. Mae ganddi fab, Pedr, sydd yng Ngholeg Bryste. Mae'r nesaf, Angharad, yn y busnes ac yn rhedeg y siop. Mae ganddi hi ei lle ei hunan yn y dre. Yr ieuengaf yw Eleri, sy'n gynrychiolydd i gwmni fferyllol enwog. Mae hi'n byw ar lan afon Tafwys pan na fydd hi'n teithio'r byd ar ôl graddio yn Rhydychen.

Y tu allan i waith bob dydd rwyf wedi bod yn brysur mewn meysydd eraill. Fe fues i'n gwasanaethu ar Fainc yr Ynadon yn sir Gâr. Rwy'n cofio dechre yn Llansawel.

Wedyn yn Llangadog. Fe fues i hefyd ar y Fainc yn Llanymddyfri a Llandeilo a lawr yn Rhydaman. Fe fues i'n Gadeirydd am rai blynyddoedd. Llys y Goron yn Llanelli wedyn. Fe fu John fy mrawd hefyd yn Ynad yn rhai o lysoedd sir Aberteifi.

Un a fu ar y fainc gyda fi am sbel dros 30 mlynedd oedd D. Mansel Lewis, Arglwydd Lefftenant Dyfed, oedd yn byw yng Nghastell y Strade. Fe drefnodd fy mod i a'r teulu'n cael mynd i ambell arddwest ym Mhalas Buckingham gan gyfarfod â'r Frenhines.

Fe ddewiswyd fi i fod yn Ynad Heddwch ar gownt y ffaith fy mod i'n Gynghorwr. Fe ddaeth gwahoddiad, ac yn groes i'r graen fe wnes i dderbyn. Ac fe fues i'n Ynad am 35 mlynedd.

Fe ddewiswyd fi hefyd i fod yn Gadeirydd Siambr Fasnach Llanbed yn 1990. Rwy'n falch iawn o ambell lwyddiant yn y cyfnod hwnnw fel adfer y goleuadau ar y

Ailoleuo Pont Llanbed diolch i haelioni pobl fel Bernard Jones o Siop B.J. Gyda ni mae'r Darpar-Esgob George Noakes.

bont dros afon Teifi er gwaetha'r ffaith i'r Cyngor lleol
wrthod ariannu'r cynllun. Ond fe ges i nawdd o £600 gan
Bernard o Siop B.J.. John fy mrawd wnaeth y gwaith metel.

Fe wnes i hefyd gyhoeddi llyfryn ar gyfer canu carolau ar
y sgwâr dros gyfnod y Nadolig 1990. Fe gyfrannodd pedwar
dwsin o fusnesau lleol tuag at ariannu'r fenter ac fe
argraffwyd y llyfryn gan Wasg Gomer. Ynddo mae ymron
hanner cant o garolau ac emynau, hen a newydd. Mae
gwaith dau fardd lleol yma hefyd. Fe gynhwyswyd cerdd
fach hyfryd gan David Jones, Drefach House ar Santa Clôs:

> Nos cyn y Nadolig tua chanol nos
> I stafell fy ngwely fe ddaeth Santa Clôs;
> Aeth allan ar frys, nid arhosodd fawr,
> Siaradai â rhywun 'rôl cyrraedd y llawr.
> Cymraeg oedd ei iaith, fe'i clywais yn wir,
> Â'i lais fel llais Dadi, yn gadarn a chlir.
> Fe chwarddai yr un fath â Mami i'r dim,
> Pesychai yn union fel Wncwl Jim;
> A chan ei fod felly mor debyg i'r tri,
> Rwy'n credu fod Santa yn perthyn i ni.

Cynhwyswyd hefyd englyn trawiadol iawn gan y
Prifardd Idris Reynolds:

> O'n mewn, wrth wrando'r Stori – y ddau lais
> Ddeil o hyd i'n poeni;
> Rhan o'n bod yw'n Herod ni
> Ac ynom mae y Geni.

Rhwng popeth mae fy mywyd i wedi bod yn llawn, ac yn
dal i fod. Fe fues i'n aelod o Gôr Meibion Cwm-ann. Yn wir,
ro'n i'n un o dri a wnaeth sefydlu'r côr dros hanner can
mlynedd yn ôl, fi, Eric Williams, cefnder i fi, a'r diweddar

Arthur Roderick. Yr arweinydd cyntaf oedd Olifer Williams. Fe gododd Olifer dŷ yn agos i 'nghartref i.

Dim ond am ychydig flynyddoedd fues i'n aelod o'r côr. Fe fu'n rhaid i fi roi'r gorau iddi oherwydd fy ngwaith. Fe fyddwn i'n cael fy ngalw allan byth a hefyd. Ond yn ddiweddar fe alwyd arna'i nôl i gyngerdd yng Nghwm-ann, a fi oedd llywydd y noson.

Ffurfiwyd Côr Meibion Cwm-ann yn ystod tymor gaeaf 1963–64. Fe ddigwyddodd y cyfan fel ymateb i her i ganu ar lwyfan y pentref mewn cyngerdd o ddoniau lleol. O ardal Cwm-ann y daeth yr aelodau ac ychydig oedd y nifer. Ond fe gafwyd cymaint o hwyl nes penderfynu bod yn barhaol. Aeth y sôn ar led ac fe ddaeth mwy aton ni o'r ardaloedd cyfagos i ymuno fel y bu'n rhaid newid yr enw i Gôr Meibion Cwm-ann a'r Cylch.

Fe fuodd y côr yn ymarfer yn festri Bethel ac wedyn yn Ysgol Coedmor. Gwnaed defnydd achlysurol hefyd o festri Brondeifi ond dros y blynyddoedd yn festri Capel Soar yng nghanol y dref y bu'r ymarferion. Erbyn hyn mae'r olwyn wedi troi eto a nôl yn festri Capel Brondeifi y cynhelir yr ymarferion bellach. Mae e'n gôr o ymron bedwar dwsin erbyn hyn.

Mae yna naw cyfeilydd wedi gwasanaethu'r côr ers y dechreuad, pedwar dyn a phum merch. Yn wir, mae tair o'r merched yn briod ag aelodau o'r côr. Ar wahân i Olifer, dim ond dau arweinydd gafwyd, Elwyn Davies a'r arweinydd presennol, Elonwy Davies.

Dyw'r côr ddim wedi bod yn gystadleuol. Cyngherddau sy'n bwysig, a hynny ar lwyfannau neuaddau, mewn capeli a hefyd mewn cartrefi henoed ac ysbytai. Fe deithiwyd yn eang – Bryste, Birmingham, Llunden – yn cynnwys yr Albert Hall – a gwledydd tramor fel yr Iseldiroedd, Ffrainc, Canada, De Affrica, America, Patagonia, Awstralia a Seland Newydd.

Ond cyn sefydlu'r côr fe fuodd y tri ohonon ni, fi, Arthur

ac Eric yn cynnal cyngherddau o gwmpas y lle. Fe wnaethon ni berfformio cryn dipyn yn diddanu pobl.

Rwy wedi bod yn gapelwr brwd gydol fy mywyd. Rwy wedi bod yn aelod o Gapel Bethel yr Annibynwyr. Y gweinidog cynta fedra'i ei gofio yno oedd y Parch. T. Eurig Davies. Ef wnaeth fy nerbyn i'n aelod. Ro'n i'n mynychu'r Ysgol Sul ers yn bedair oed. Ac rwy'n ffyddlon ym Methel o hyd. Mae'r achos yn dal yn hynod gryf o ystyried sefyllfa crefydd heddiw.

Diddordeb arall fu gen i oedd dawnsio. Wedi i Neuadd Sant Iago agor fe fu yna ddosbarthiadau dawnsio bob nos Fercher, a finne'n aelod ffyddlon. Fe fydde pobl yn dod o bell ac agos i'r dawnsfeydd hynny. Fe fyddwn i'n mynychu dawnsfeydd dros ardal eang. Yn wir, oni bai am y dawnsio fyddwn i ddim wedi cyfarfod â Phyllis. Cael amser i fynd i ddawns oedd y broblem.

Heddiw, rhyw eistedd nôl ydw i gan gyfrif y bendithion. Y pleser mwyaf yw bod yma olyniaeth drwy'r plant a thrwy rai o blant y plant. Fe fydda'i'n dal i weithio bob dydd. Os na fydda'i allan yn trefnu angladd, fe fydda'i yn y siop. Rhaid dal i fynd. Does dim byd gwaeth na mynd i rigol. Dyw dyn llonydd ddim yn mynd i unman.

Fydda'i ddim yn gweithio drwy'r amser. Fe fydd ambell gyfaill yn galw yn y siop i ddal pen rheswm. Mae hyn yn unol â'r hen draddodiad o bobl yn galw mewn gweithdai a siopau am sgwrs a chlonc. Ond mae yna rywbeth i'w wneud yma byth a hefyd. Mae ambell sgwrs, cofiwch, yn ychwanegu at flas y dydd. Ac ambell ddadl hefyd yn bywiogi pethe. Fel y dywedodd rhywun, dim ond pysgodyn marw sy'n mynd gyda'r dŵr.

Tad-cu balch gyda Rhys, un o'r wyrion

Sefyll o flaen y siop gyda balchder

Stori Phyllis

Fe briododd Gwilym a fi drigain mlynedd yn ôl. Mae e'n hollol iawn yn dweud mai mewn dawns wnaethon ni gyfarfod gyntaf. Roedd dawnsfeydd yn boblogaidd iawn yn ardal Llandysul, lle'r o'n i'n byw, ac mewn mannau fel Llanybydder a Chwm-ann. Fe fydde Gwilym yn un o griw o fechgyn o ardal Llanbed fydde'n mynd i'r dawnsfeydd hyn yn Neuadd Llandysul. A rhaid dweud, roedd e'n ddawnsiwr da.

Er mai yn Llandysul o'n i'n byw, un o'r Rhondda oedd fy nhad, glöwr o ran gwaith. O Flaengwynfi oedd e'n dod gyda chysylltiadau â Chwmparc a Threorci. Fe adawodd yn nauddegau'r ganrif ddiwethaf a dod i fyw yn Llandysul. Merch leol oedd Mam, ei theulu hi o'r ardal. Fe fu hi'n gweithio fel morwyn ym Mhlas Dôl-llan. Roedd ei thad hi'n giper ar y stad yno.

Fe fu 'Nhad yn gweithio ar osod ffordd newydd yn Llandysul am gyfnod. Wedyn fe fu'n gweithio i Westy'r Porth gyda'r gofal dros gadw a chynnal yr adeiladau yno. Mae'r gwesty yno o hyd, heb newid rhyw lawer yn allanol.

I Ysgol Uwchradd Llandysul yr es i ac wedyn i'r Coleg Astudiaethau Masnachol yn Abertawe. Fe ges i swydd weinyddol wedyn yn Ysbyty Glangwili. Fi oedd yng ngofal y cofnodion meddygol. Ar ôl hynny fe ges i waith yn Llandysul mewn adran o'r Cyngor Sir. Dyna pryd wnes i briodi. I fenyw yr adeg honno, os bydde hi'n priodi, yna dyna ddiwedd ar ei gyrfa. Dyna oedd polisi'r Cyngor Sir.

Roedd gen i ddau frawd a chwaer. Fe fu'r brawd hynaf allan yn brwydro yn y Dwyrain Pell. Ac fe aeth yr ail frawd drosodd i'r Almaen ychydig cyn diwedd y rhyfel. Fe fu farw Mam pan o'n i ond yn bump oed, felly adref fuodd fy chwaer yn gofalu am weddill y teulu.

Ein priodas yn 1957 yn Eglwys Llandysul drigain mlynedd yn ôl

Ar ôl i Gwilym a fi briodi fe wnaethon ni setlo yn ei gartref ef yn y tŷ oedd e wedi'i godi yng Nghwm-ann. Roedd ei fam a'i lystad yn byw yno bryd hynny.

Fe fydde disgwyl i ferch oedd yn mynd allan gydag ymgymerwr fod yn destun tipyn o dynnu coes. Ond saer oedd Gwilym yn bennaf bryd hynny ac yn gweithio i wahanol gwmnïau adeiladu. Dim ond prin ddechrau yn y busnes angladdau oedd e.

Fe ddechreuodd e gydag ambell angladd ac yna, ar ddechrau'r pumdegau fe aeth e i'r busnes o ddifrif. Fe fues i'n rhan o'r gwaith o'r dechrau. Roedd gen i brofiad helaeth o gadw cownts. Fi fyddai'n ateb y ffôn wedyn. Ond fe fues i wrthi hefyd yn ymwneud â'r gwaith o drefnu a chladdu. Pan fyddai Gwilym bant doedd yna fawr neb a allai yrru car. Roedd Cerdin y mab yn rhy ifanc bryd hynny. Yn wir, rwy'n cofio adeg pan oedd Gwilym wedi mynd i Lundain i nôl corff, a finne'n gorfod mynd gydag Ifan Williams, Wyngarth mewn hers i gludo un arall oedd wedi marw i'r capel gorffwys. Yn y tŷ oedd hwnnw bryd hynny. Fe fues i'n helpu i drin ambell i ymadawedig hefyd pan fyddai'r teulu'n gofyn am goluro.

Fe fu'r pedwar plentyn wrthi'n helpu o ddyddiau ysgol, yn y siop yn bennaf. Fe ymunodd Cerdin â'i dad ac fe fu'r tair merch yn helpu allan. Mae Angharad gyda ni yma o hyd, yng ngofal y siop yn bennaf.

Fe aeth Annwyl y ferch hynaf o Ysgol Llanbed i St. Godrick's College yn Llundain lle graddiodd hi mewn astudiaethau gweinyddol ac ieithoedd ac fe fu hi am wyth mlynedd yn gweithio i gwmni hedfan Lufthansa fel swyddog personél. Tra oedd hi yno fe gwblhaodd gwrs gradd yn y pwnc hwnnw.

Wedi iddi briodi fe symudodd hi a'i gŵr, oedd yn gweithio yn y maes technolegol, i bentref Bone End ger Marlow. Roedd gan Annwyl swyddfa yn Hay Hill yng nghanol Llundain yn Old Bond Street. Gan fod rhan o'r gwaith hefyd ym maes awyr Heathrow roedd teithio'n mynd â llawer o'i hamser, felly fe symudon nhw. Wedyn, ar ôl geni mab, Pedr, fe roddodd hi'r gorau i weithio am sbel cyn mynd ati i ddilyn cwrs hyfforddiant dysgu ac mae hi wedi dysgu byth oddi ar hynny.

I Lundain yr aeth Eleri hefyd, i fod yn nyrs. Fe astudiodd hi yn Queen Charlotte's College, a hi a merch arall oedd y cyntaf i raddio mewn bydwreigiaeth neu 'midwifery'. Fe fuodd hi wedyn yn gweithio fel nyrs ardal. Fe aeth, ymhen rhai blynyddoedd, i weithio yn y maes fferyllol gyda gwahanol asiantaethau cyn i gwmni Johnson & Johnson gynnig swydd iddi. Ac mae hi gyda'r cwmni o hyd.

Fe arhosodd Cerdin yma yn Llanbed ac ar ôl cyfnod yn yr Awyrlu fe ddaeth Angharad adref hefyd i helpu gyda'r busnes. Ond fe wnaeth y pedwar plentyn, ar wahanol adegau, helpu llawer pan o'n nhw'n dal yn ifanc iawn. Fe fuodd Annwyl ac Angharad hefyd yn gweithio ar ambell ddydd Sadwrn yn siop bapurau Lemuel Rees. Mae'r pedwar felly wedi bod yn gyfarwydd â gwaith o'u dyddiau ysgol.

Rwyf finne wedi bod wrthi dros y blynyddoedd yn gwneud fy rhan, yn y siop yn bennaf ond hefyd yn gyfarwydd â rhoi help llaw ymhob adran o'r busnes. Mae'r siop wedi tyfu'n aruthrol dros y blynyddoedd ond fel sy'n wir am bob siop y dyddiau hyn, mae nifer y cwsmeriaid wedi disgyn. Mae'r we a'r rhyngrwyd wedi newid popeth erbyn hyn.

Yn anffodus, yn ystod y blynyddoedd diwethaf hyn rwy wedi cael problemau gyda'r llygaid. Ddwy flynedd yn ôl fe ges i lawdriniaeth yn Harley Street yn Llundain. Yn wir, fi oedd un o'r cleifion llygaid cyntaf yn y byd i gael y fath driniaeth. Fi oedd y mochyn cwta, y 'guinea pig'. Angharad wnaeth ddarllen mewn papur newydd am driniaeth newydd arloesol ar gyfer 'macular degeneration' neu AMD, cyflwr sy'n gwneud i'r llygaid golli eu ffocws. Mae yna ddau fath, sych a gwlyb, a'r math sych oedd gen i.

Fe wnes i gysylltu â'r clinic yn Llundain a chlywed fy mod i'n addas ar gyfer y fath driniaeth yn Ysbyty'r Llygaid. Roedd y driniaeth yn golygu trawsblannu lens arbennig yn y llygaid. Mae'r driniaeth wedi golygu gwahaniaeth mawr. Rwy'n dal i gael trafferth darllen ond o leiaf fe fedra'i bellach adnabod pobl ar y stryd fydd yn fy nghyfarch. Fedrwn i ddim o'r blaen. Gan mai fi oedd un o'r rhai cyntaf erioed i dderbyn y driniaeth fe fydda'i'n cael fy nefnyddio fel enghraifft o lwyddiant y driniaeth. Y llawfeddyg a fuodd yn gyfrifol am y driniaeth oedd Bobby Qureshi, Cyfarwyddwr yr ysbyty ac un o brif arbenigwyr y byd yn y maes hwn. Erbyn hyn mae modd cael y driniaeth o dan y Gwasanaeth Iechyd Cenedlaethol.

Yn y cyfamser mae'r busnes yn parhau. Fe fydda'i'n dod i'r siop bob dydd i roi help llaw. A nawr mae'n hyfryd meddwl bod Rhys, un o'r wyrion, yn rhan o'r cwmni. Mae Rhodri, ei frawd, er ei fod e'n fyfyriwr yn y coleg, sef y Met yng Nghaerdydd, yn astudio yn y maes cynllunio, yn gyfarwydd â'r busnes . Fe fydd e'n rhoi help llaw pan fydd e adre ar wyliau. Ac mae'r chwaer fach, Lois, er ei bod yn dal yn yr ysgol, yn dod yma bob dydd Sadwrn i helpu. Mae yna ŵyr arall, Pedr, mab Annwyl. Mae e yn y Brifysgol ym Mryste. Mae'r teulu oll yn gwneud eu rhan.

Maen nhw i gyd wedi bod â diddordeb mawr yn y busnes o'u plentyndod. A pheth da yw hynny. Mae hynny'n eu dysgu am bobol ac yn eu paratoi nhw ar gyfer y byd go iawn. All hynny ddim bod yn beth drwg.

Stori Cerdin

Fe wnes i adael yr ysgol ddiwedd y saithdegau ac am saith mlynedd fe fues i wrthi'n gweithio gyda chwmni lleol yn gwneud fframiau ffenestri. Roedd e'n rhywbeth naturiol, mae'n debyg, fy mod i'n dilyn ôl traed fy nhad.

Yna fe ddes i at 'Nhad a D. J. Ond ro'n i'n gyfarwydd â chynorthwyo ymhell cyn hynny. Hyd yn oed yn ystod fy mlynyddoedd cynnar yn yr ysgol uwchradd fe fyddwn i'n cael galwad weithiau i roi help llaw. Fe ddeuai neges i fi yn y dosbarth fod Mam ar y ffôn a bod fy angen i adre ar unwaith. A chwarae teg i awdurdodau'r ysgol, fe gawn i ganiatâd parod i fynd. Weithiau fe fydde 'Nhad yn Llunden, falle, a D. J. yn brysur yn y gweithdy a finne wedyn yn cael galwad i helpu. Fe wnes i gael profiad o weithio ar gyfer angladdau pan o'n i mor ifanc â 14 oed. Yn wir, fe fyddwn i'n mynd allan gyda 'Nhad gyda'r nos ar gyfer gwneud trefniadau angladdol pan o'n i mor ifanc ag 11 oed. Mynd yn gwmni fyddwn i ond hefyd fe fyddwn i'n dysgu wrth wneud hynny.

Rwy'n cofio'r troeon cyntaf pan fydde angen i fi gyffwrdd â chorff marw. Fe fydde hynny'n codi arswyd arna'i. Fe fyddwn i'n tynnu llewys fy siwmper lawr dros fy nwylo fel na fyddwn i'n gorfod cyffwrdd â'r corff â dwylo noeth. Heddiw, wrth gwrs, mae gofyn i bawb ohonon ni wisgo menig pwrpasol. Mae rheolau iechyd a diogelwch yn hollbwysig yn y proffesiwn.

Ro'n i'n benderfynol o'r dechre y gwnawn i ddysgu popeth posib am y gwaith. Roedd hynny'n cynnwys astudio ar gyfer Diploma Cymdeithas Genedlaethol yr Ymgymerwyr Angladdau (NAIFD) draw yn Salisbury yn 1989, mynd yno am gyfnodau dros dair blynedd. Roedd yr arholiad yng Nghaerdydd. Wedyn fe wnes i ddod yn gymwys ar gyfer Sefydliad Prydeinig yr Ymgymerwyr

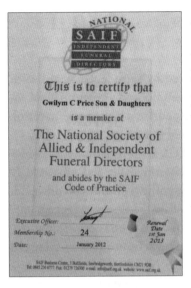

*Un o nifer o dystysgrifau
sy'n nodi ein cymhwyster*

Angladdau (BIFD) yn 1998. Roedd y cwrs hwnnw yn fwy dwys ac yn cynnwys hyfforddiant mewn datgladdu, a'r arholiad yn llafar ac yn ymarferol. Roedd 'Nhad ymhlith y rhai cyntaf i dderbyn ei Ddiploma nôl yn 1958. Mae Rhys y mab hefyd wedi ennill ei gymhwyster NAIFD ac yn astudio am ei Ddiploma. Does dim rhaid i ymgymerwr ennill Diploma ond mae e'n cadarnhau profiad a statws rhywun. Mae e fel ennill gradd mewn coleg.

Fe fu 'Nhad yn allweddol mewn ffurfio mudiad annibynnol newydd ar gyfer sicrhau chwarae teg i gwmnïau lleiafrifol. Cyn hynny, dim ond un mudiad oedd yn cynrychioli pawb ledled Gwledydd Prydain. Yr hyn oedd yn digwydd wedyn oedd bod y cwmnïau mawr yn dod mewn o dramor ac yn prynu cwmnïau llai draw yma. Nhw oedd yn llywodraethu. Doedd dim grym felly gan gwmnïau cymharol fach fel ni. Doedd ganddon ni ddim llais. Yna, tua 25 mlynedd yn ôl fe gyfarfu cynrychiolwyr saith o gwmnïau â'i gilydd mewn caffi yn yr East End yn Llunden, Nan's Pantry, i sefydlu SAIFD, sef Cymdeithas Gynghreiriol Annibynnol yr Ymgymerwyr Angladdau. Un o'r cwmnïau gwreiddiol hynny oedd Levertons, ymgymerwyr swyddogol y Teulu Brenhinol.

'Nhad gafodd ei ethol i fod yn aelod dros Gymru. Fe aeth 'Nhad ati wedyn i ganfasio ar gyfer agor canghennau ledled y wlad. Mae hynna'n golygu fod gan Gymru lais cryfach yn y busnes. Fe wnaethon ni dorri'r monopoli oedd yn bodoli. Ry'n ni'n aelodau o'r ddau fudiad, wrth gwrs. Busnesau annibynnol yw aelodau SAIFD, gyda thua 900 o aelodau, a ni bellach yw'r cwmni mwyaf yn y wlad sy'n aelodau. Ac yng Nghymru, ym Mro Morgannwg, y cynhaliodd y mudiad ei gyfarfod blynyddol yn 2016. Mae'r mudiad yn rhyw fath ar undeb llafur i'r ymgymerwyr annibynnol.

Un rhan o astudiaeth Diploma'r BIFD oedd oblygiadau cyfreithiol ac ymarferol symud corff o un wlad i'r llall. Fe fu hyn yn werthfawr gan i ni gael ein galw i ddelio un tro â gŵr a fu farw yng Nghanada. Roedd e'n Arglwydd Brif Ustus o'r Bahamas o 1978 hyd 1980, Syr Alfred Smith. O Lanbed oedd e'n wreiddiol. Diolch i'r astudiaeth, nid yn unig ro'n i'n medru dod i ben â'r dogfennau angenrheidiol ond roedd gyda ni hefyd ffrindiau yn y busnes angladdau yn ardal Toronto. Fe hedfanwyd y corff i Derfynfa 4 ym Maes Awyr Heathrow, a ni wedyn yn casglu'r corff yno a'i yrru nôl i Lanbed. Fe fedren ni fod wedi mynd at gwmni arbenigol yn Llunden ond diolch i Ddiploma'r BIFD fe lwyddon ni i wneud y gwaith ein hunain. Ry'n ni'n dal i gadw cysylltiadau â'r cwmni o Ganada ac wedi bod allan gyda nhw ar wyliau.

Mater o arfer oedd y busnes i fi, fel i bawb. Fe ddes i'n gyfarwydd â'r profiad yn fuan iawn. Un broblem, wrth gwrs, oedd fy mod i'n rhy ifanc i yrru car yn ystod y blynyddoedd cynnar. Problem arall oedd nad oedd D. J. yn gyrru. Pan fydde 'Nhad bant felly, fe ddeuai neges i fi fod Mam wedi ffonio a bod fy angen i adre ar unwaith. Mam fydde'n fy ngyrru i pan ddeuai galwad allan.

Un dydd yn 1973 dyma alwad i ni fynd draw i Langybi. Roedd 'Nhad bant yn rhywle, a finne nawr yn cael galwad yn yr ysgol fod fy angen i. Dyma glywed fod marwolaeth wedi digwydd mewn tyddyn ar y comin, lle o'r enw Waungou.

Roedd tad a mab yn byw yno, a'r fenyw oedd yn gofalu amdanyn nhw wedi marw. Roedd y tad wedi bod yn y fyddin gydag Arglwydd Caernarfon, y gŵr wnaeth ddarganfod bedd Tutankhamun yn yr Aifft yn 1922. Yr hanes oedd fod Tutankhamun yn dial drwy osod melltith ar unrhyw un oedd yn gysylltiedig â'r Iarll. Hynny yw, roedd Tutankhamun wedi gosod ei felltith ar unrhyw un a fu'n gysylltiedig â tharfu ar ei fedd.

Fe aeth D. J. a finne i'r parlwr a chario corff y fenyw allan mewn arch agored i'w osod yn yr hers. Ond wrth i Mam facio'r car nôl fe hitiodd hi un o'r pileri oedd bob ochr i ddrws y tŷ. A barn yr hen foi, oedd wedi bod yn y fyddin gydag Arglwydd Caernarfon, oedd mai melltith Tutankhamun oedd wedi achosi i Mam hitio'r pilar! Os hynny, roedd y melltith wedi cyrraedd yr holl ffordd o'r Aifft i Langybi! Ond roedd e'n benderfynol mai dyna oedd wedi digwydd.

Weithiau bydd claddedigaeth fel camu'n ôl i'r gorffennol. Yn gymharol ddiweddar fe gawson ni'r gorchwyl o drefnu angladd 8fed Iarll Lisburne, aelod o deulu o fyddigions a arferai fyw ym Mhlas y Trawsgoed. Fe fu farw John David Malet Vaughan yn ei gartref yn Llwydlo yn ystod Hydref 2014. Mae gan y teulu ddaeargell o dan lawr Eglwys Llanafan ger Aberystwyth, ac yno y gwnaethon ni adael ei weddillion i orffwys. Roedd e'n 96 oed ac wedi ei anafu adeg ymarferiadau D Day yn 1944. Bu wedyn yn swyddog gwybodaeth yn Rhyfel Korea. Ef yn ddiweddarach wnaeth sefydlu Cwmni Teledu Westward.

Profiad rhyfedd fu gweld eirch hynafiaid yr Iarll yn rhesi ar silffoedd tanddaearol, a llwch y blynyddoedd drostyn nhw. Roedd e'n brofiad anarferol a diddorol.

Unwaith mewn cenhedlaeth fel arfer gaiff rhywun y profiad o agor beddgell teuluol fel hyn. Ond un arall wnaethon ni ei osod mewn daeargell oedd Arglwydd

Lefftenant Dyfed, D. Mansel Lewis o Gastell y Strade ger Llanelli. Roedd e'n ffrind agos i 'Nhad. Mae'r castell wedi bod ym meddiant y teulu ers 1673. Mae daeargell y teulu yn Eglwys Manor Deilo.

Mae'n siŵr mai'r profiad rhyfeddaf ges i fu claddu menyw yn y môr. Hen ferch o Lanfair Clydogau oedd hi, Miss Betts. Roedd hi wedi nodi mai ei dymuniad fydde cael ei chladdu yn y môr, gan i'w chariad foddi yn y môr flynyddoedd yn gynharach.

Fe wnaethon ni gysylltu â'r Cynulliad yng Nghaerdydd i wneud cais am ei chladdu oddi ar arfordir Cymru yn rhywle. Fe godwyd y mater gan un o'r aelodau, Rhodri Glyn Thomas. Ond doedd yna ddim un ardal forol yng Nghymru oedd wedi ei dynodi ar gyfer hynny gan y Weinyddiaeth Pysgodfeydd. Dim ond tair ardal forol ar gyfer claddu môr sy'n bodoli yng ngwledydd Prydain. Mae un yn Tyne and Wear, un oddi ar Ynys Wyth ac un oddi ar Eastbourne yn swydd Sussex.

Roedd maint y gwaith papur ei hun yn anhygoel. Fe wnaethon ni wedyn gludo'i chorff i'r fynwent fôr ger Eastbourne, naw milltir allan o'r tir mawr. Fe fuodd raid i ni ofalu'n gyntaf bod y llanw yn y man cywir. Wedyn fe fuodd rhaid i ni logi un o hen gychod y Llynges i gludo'r arch. Rhaid fu mesur y dyfnder wedyn a'r amcan amser a gymerai i'r arch suddo. Yn ffodus ro'n i wedi astudio cwrs ar gladdu môr ar gyfer Diploma BIFD. Hefyd roedd gan 'Nhad brofiad o gladdu yn y môr flynyddoedd yn gynharach. Bryd hynny doedd y rheolau iechyd a diogelwch ddim mor llym. Ond yn fy achos i doedd dim hawl, er enghraifft, eneinio'r corff rhag ofn lledaenu clefyd heintus.

Roedd rhaid gofalu wedyn fod digon o bwysau gyda'r corff fel byddai'r arch yn suddo. Wedyn fe fu'n rhaid tyllu'r arch drwy dorri hanner cant o dyllau dwy fodfedd ar ei draws. Er mwyn sicrhau bod y cyfan yn ddigon trwm fe

*Paratoi at angladd môr Miss Betts
yn Sovereign Harbour, Eastbourne*

*Y craen yn codi arch Miss Betts
o Lanfair Clydogau*

Codi arch Miss Betts ar gyfer yr angladd môr

Cludo corff Miss Betts i'w gladdu yn y môr

wnaethon ni sicrhau'r arch ar ddau hen drac rheilffordd â bolltau cryfion. Petai'r corff yn digwydd dod nôl i'r wyneb, yna arnon ni fyddai'r cyfrifoldeb o'i ailgladdu. Er bod yna waharddiad ar longau pysgota rhag hwylio uwchben mynwent fôr, fe allai ddigwydd drwy ddamwain, a'r rhwydi'n medru rhyddhau'r arch.

Gyda'r holl bwysau, fedren ni ddim bod wedi cludo'r arch i Eastbourne mewn hers. Fe wnaethon ni logi fan fawr. Wedyn fe fu'n rhaid llogi craenau i godi'r arch o'r cerbyd i'r cwch. Heb fy astudiaethau Diploma fydden ni ddim wedi medru ymgymryd â'r gwaith.

Cwestiwn sy'n codi'n aml yw sut mae ymgymerwr yn dygymod â gwaith mor morbid? Yr ateb syml yw bod rhywun yn dod i ymgyfarwyddo â'r gwaith. Ond fedr rhywun ddim bod yn llwyr ddideimlad. Mae'n amhosib datgysylltu'ch hunan oddi wrth y sefyllfa. Mae modd cuddio'ch teimladau hwyrach. Ond maen nhw yno o dan yr wyneb.

Ymhlith y profiadau gwaethaf mae marwolaethau o ganlyniad i hunanladdiad. Rwy'n cofio cael fy ngalw fyny i lan llyn rhwng Ffarmers a Llanddewibrefi lle'r oedd merch ifanc wedi lladd ei hun yn ei char drwy anadlu mwg yr injan. Fe fu'n rhaid i fi yrru'r car oddi yno a'i adael yng ngofal yr heddlu. Roedd aroglau mwg yr egsôst yn dal ynddo. Heddiw, wrth gwrs, fe fyddai lori bwrpasol yn casglu'r car a'i gludo bant i'w archwilio.

Y teimlad mwyaf annifyr ges i erioed oedd mynd i gartref dyn oedd wedi'i lofruddio. Fe saethwyd John Williams yn ei gartref, Brynambor ar fynydd Llanddewibrefi, ym mis Ionawr 1983. Bugail oedd John, cawr o ddyn ond gŵr addfwyn a di-ddrwg. Fe dorrodd gŵr ifanc, Richard Gambrell, i mewn i'w fwthyn a disgwyl amdano. Fe saethodd e John o leiaf bum gwaith â'i ddryll ei hun.

Roedd y llofrudd newydd ddod allan o garchar am anafu

rhywun â chryman yn Rhandirmwyn. Yn rhyfedd iawn, 'Nhad oedd Cadeirydd y Fainc pan garcharwyd Gambrell o ganlyniad i'r ymosodiad mewn achos yn Llys Ynadon Llanymddyfri.

Fe lofruddiwyd John Brynambor ar nos Sadwrn ac fe'n galwyd ni fyny yn gynnar nos Lun. Fe wnaethon ni alw'n gyntaf yn neuadd y pentre yn Llanddewibrefi lle'r oedd canolfan yr ymchwiliad ac fe ddaeth Emyr, mab y plismon lleol Owen Lake, gyda ni. Wrth fynd i mewn i'r tŷ ro'n i'n teimlo rhyw ias. Fe aethon ni â'r corff oddi yno i'w archwilio mewn post mortem.

Pan ddaeth diwrnod yr angladd roedd Gambrell yn dal â'i draed yn rhydd. Fe gawson ni wasanaeth yng nghartref Elizabeth Hughes, chwaer John, yn Nhregaron ac yna mynd ymlaen i Gapel Bethesda yn Llanddewibrefi cyn mynd ymlaen ymhellach i'r fynwent. Ond yr hyn na ddatgelwyd oedd bod yna ofnau y deuai Gabrell i'r angladd i saethu rhai o'r galarwyr.

Fe ystyriwyd y posibilrwydd yn ddifrifol gan yr heddlu ac fe'n rhybuddiwyd ni a'n cynghori mai dim ond un ohonon ni ddylai fod yn yr hers rhag ofn y gwnâi e danio aton ni. Hynny yw, un ohonom fyddai'n darged posibl yn hytrach na dau. Felly, ar y ffordd o Dregaron fe yrrais i'r hers a 'Nhad yn gyrru car y teulu. Wrth i ni yrru draw fe fedren ni weld heddlu arfog yma ac acw yn cadw gwyliadwriaeth. Doedd y cyhoedd ddim yn ymwybodol eu bod nhw yno. Ro'n i'n wirioneddol ofnus. Ar ôl cyrraedd Llanddewibrefi, yn dilyn gwasanaeth yn y capel, fe gerddon ni i'r fynwent. Ar y bancyn uwchlaw roedd mwy o heddlu arfog.

Pan ddaliwyd Gambrell yn Hampshire a'i ddwyn i'r achos traddodi yn Llanbed, roedd teimladau pobl leol mor gynddeiriog fel bod yr awdurdodau'n gofidio am ei ddiogelwch. Fe'i smyglwyd e i'r llys ac allan ar hyd y lôn gefn wrth ochr ein siop ni ac i mewn i'r gwrandawiad yn Neuadd

*Hyffordda blentyn . . . gyda Rhys
a Rhodri yn blant*

y Dref. Yn ddiweddarach yn Llys y Goron, Caerdydd, fe'i cafwyd yn euog a'i ddedfrydu i oes o garchar.

Roedd cysylltiad rhwng teulu Brynambor a'n teulu ni. Fe dreuliodd Mam-gu, sef mam fy nhad, gyfnod ar y ffarm drws nesaf, Bryn-carregog, yn helpu modryb i fi. Ro'n i'n ei nabod hi fel Anti Bryn. Roedd hynny, wrth gwrs, yn ychwanegu at y teimlad dwys ar ddiwrnod angladd John.

Cael a chael fu hi i ni lwyddo i gynnal ambell i angladd. Rwy'n cofio un yn Nhrefilan, a 'Nhad newydd gyrraedd nôl o Lunden â chorff rhyw ficer, a chymaint o eira ar y llawr fel y bu'n rhaid cludo'r arch i'r fynwent yng nghefn fen laeth. Yn wir, rwy'n cofio un angladd pan fu'n rhaid i ni gludo'r arch dros ben y lluwche ar gefn tractor. Dim ond llwyddo o'r braidd i gladdu wnaethon ni gan fod y bedd yn llenwi ag eira. Ond er gwaetha pawb a phopeth, dydyn ni ddim wedi ffaelu hyd yma.

Mae'n rhoi rhyw foddhad mawr i fi fod Rhys bellach yn rhan o'r busnes. A phwy a ŵyr na fydd Rhodri yma rywbryd yn ogystal â Lois. Nhw fydd i benderfynu.

Stori Angharad

O'r dechrau cyntaf rwy wedi bod yn gysylltiedig â'r busnes. Fel fy mrawd a'm dwy chwaer fe ges i fy nghodi yn y siop a dod yn gyfarwydd â'r gwaith. Fe wnes i dreulio cyfnod bant yn yr Awyrlu, ond nôl ddes i ac rwy yma o hyd.

Fe wnes i ddechrau helpu yn y siop o ddyddiau ysgol. Yna, yn fy arddegau fe ddaeth awydd i ymuno â'r Awyrlu. Pam dewis mynd i'r Awyrlu? Fe fu awydd mynd arna'i o ddyddiau plentyndod. Dylanwad fy nhad, mwy na thebyg. Rhyw feddwl oeddwn i hefyd y byddai hynny'n cynnig rhywfaint o newid. Roedd hyn ychydig wedi'r tân fu yma yn 1980.

Fe fues i yma ac acw am gyfnod cyn cyrraedd safle'r Awyrlu yn Abingdon ger Rhydychen. Yr enw ar y lle bellach yw Dalton Barracks. Yn union fel y dynion oedd yno, fe dreuliais i chwe wythnos yn derbyn hyfforddiant sylfaenol, neu 'square bashing'. Yna, ar ôl dod drwy'r hyfforddiant yn llwyddiannus fe wnes i ddewis arbenigo ar weinyddiaeth neu admin. Fe dreuliais i gyfnod yn Henffordd. Roedd hyn yn golygu gwaith personél a chadw cofnodion. Fe ddaeth hynny'n ddefnyddiol iawn o ran gweithio yn y busnes hwn wedyn.

Fe wnes i ymuno â'r Awyrlu ar delerau o naw mlynedd o ymrwymiad ond gyda'r hawl i adael cyn hynny o roi rhybudd o ddeunaw mis. Ar ôl pedair blynedd fe wnes i adael oherwydd bod pethe'n mynd yn brysur iawn yma yn y siop. Ond fe wnes i fwynhau pob munud o fywyd yn yr Awyrlu. Roedd e fel bod mewn gwersyll gwyliau o'i gymharu â'r prysurdeb fan hyn!

Fe fu'r cyfnod yn yr awyrlu'n gyfnod da ar gyfer paratoi at fywyd ac at waith. Roedd e'n golygu cyfle i deithio hefyd. Fe wnes i gymryd rhan mewn chwaraeon fel athletau a

Agor y siop ar ei newydd wedd yn 2000
yng nghwmni Maer y Dref, Selwyn Walters

badminton. Weithiau fe fydde cyfle i hedfan. Hyd yn oed neidio parashŵt. A'r hyfforddiant mewn gweinyddiaeth, wrth gwrs.

Mae'r siop ei hun wedi tyfu yn y cyfamser. Fe wnaethon ni agor lle ychwanegol fyny'r llofft. Ond mae canolfannau adwerthu o unrhyw fath yn mynd drwy gyfnod gwael ar hyn o bryd. Mae'r rhyngrwyd wedi newid popeth. Mae pobl bellach yn edrych ar-lein am fargeinion ac mae hynny wedi hitio busnesau gwerthiant o bob math. Yr unig ffordd fedrwn ni gystadlu yw sicrhau y bydd y nwyddau sydd ganddon ni o'r safon uchaf.

Mae'r busnes angladdau ar y llaw arall mor brysur ag erioed ac fe fydda'i'n cynorthwyo gyda hynny hefyd. Ac erbyn hyn fe fedra'i ddygymod ag unrhyw orchwyl. Mae hynny'n amrywio o gysylltu â'r teulu i fynd allan i helpu symud a pharatoi pobl sydd wedi marw. Fe fydda'i'n gwneud y cyfan yn ôl y galw. Fe wnes i ddysgu gyrru a phasio'r prawf gyrru yn 17 oed.

Mae pobl yn gofyn byth a hefyd sut wnes i lwyddo i ymgyfarwyddo â'r fath waith. Mae tuedd i feddwl mai gwaith i ddynion ydi e. Yr ateb syml yw i fi gael fy nghodi'n rhan o'r busnes. I fi dyw e ddim yn wahanol i unrhyw fusnes arall. Cofiwch, pan fo'r gorchwyl yn golygu delio â rhywun dwi'n ei nabod, mae'n wahanol. A phan fydd rhaid delio â marwolaeth rhywun ifanc hefyd. Bryd hynny mae gofyn cadw teimladau o dan reolaeth. Mae modd ffrwyno teimladau er eu bod nhw'n corddi'r tu mewn. A heddiw mae mwy a mwy o fenywod yn cymryd at yr alwedigaeth.

Mae'r pedwar ohonom, Cerdin, Annwyl, Eleri a finne wedi bod yn rhan o'r busnes ers pan o'n i'n fach. Yn wir, mae'r chwiorydd nawr, pan fyddan nhw'n ôl yn Llanbed, yn barod i ddod y tu ôl i'r cownter i roi help llaw.

O ran y siop, ry'n ni o'r dechrau wedi canolbwyntio ar y safon uchaf posibl o ran stoc. Fe fyddwn ni'n dal i lunio dodrefn ein hunain yn ôl y gofyn. Ond mae llai a llai o hynny'n digwydd bellach. Mae tai pobl yn llai'r dyddiau hyn a does ganddyn nhw ddim lle i ddreseri a chypyrddau cornel traddodiadol. Ry'n ni'n cynnig y safon uchaf mewn gwaith llaw mewn derw neu fahogani. Ond unwaith eto mae arferion wedi newid. Does dim o'r arian ar gael heddiw ar gyfer prynu dodrefnyn fel buddsoddiad. Ac i lawer o bobol ifanc heddiw, dyw fory ddim yn cyfrif.

Mae llestri'n cael lle blaenllaw iawn yma, a hynny'n golygu y bydd angen mynd i ffeiriau masnach yn rheolaidd er mwyn gweld beth yw'r diweddaraf sydd ar gael a beth sy'n ffasiynol. Mae llestri, fel dillad, yn newid o ran ffasiwn byth a hefyd. Ar hyn o bryd y ffasiwn yw mynd yn ôl i'r chwedegau, ffasiwn 'retro'.

Fe fyddwn ni'n cadw llestri Portmeirion, wrth gwrs, er bod rhai o lestri'r grŵp bellach yn cael eu cynhyrchu dramor.

Ffenest lydan y siop yn cyhoeddi enw'r cwmni

Ffurfiwyd y cwmni gan Susan Williams-Ellis, merch y pensaer a gynlluniodd bentref Portmeirion, Syr Clough Williams-Ellis, yn 1960. Cymerodd drosodd gwmni crochenwaith A. E. Gray yn Stoke on Trent. Yn 1961 prynwyd cwmni arall, Kirkhams, ac unwyd y ddau i ffurfio Cwmni Portmeirion. Dilynwyd y rhain gan Magic City a Magic Garden. Y cynllun enwocaf yw thema'r Ardd Fotaneg, sy'n dal i ddatblygu. Yn 2009 prynwyd Royal Worcester a Spode.

Yn y siop hefyd mae gwaith Emma Bridgewater, llestri ffasiynol iawn. Fe sefydlwyd y cwmni gan Emma ei hun yn 1985. Maen nhw'n amlwg am eu cynlluniau 'polka dot' yn arbennig. Mae'r llestri'n cael eu cynhyrchu yn ffatri'r cwmni yn Stoke on Trent ac mae gan y cwmni ddwy siop fawr yn Llundain. Ry'n ni'n un o'r cwmnïau sydd â'r hawl i werthu eu cynnyrch.

Rolls Royce y byd crochenwaith yw Moorcroft. Cychwynnodd y fenter fel James MacIntyre yn 1897. Un o'r crochenyddion oedd William Moorcroft, cynllunydd ifanc. Aeth ati wedyn i sefydlu ei gwmni ei hun a dechreuodd gynhyrchu yn 1913. Dyfarnwyd iddo warant Frenhinol yn 1928. Pan fu farw William fe'i holynwyd gan ei fab, Walter.

Mae prisiau Moorcroft yn amrywio o tua £125 i filoedd o bunnoedd. Mae llestri Moorcroft yn waith llaw ac yn fwy na chrochenwaith, maen nhw'n ddarnau o gelfyddyd ac yn fuddsoddiad.

Un gwasanaeth fyddwn ni'n ei gynnig yw tynnu allan restr o roddion ar gyfer priodasau, sy'n golygu na fydd y cwpwl yn derbyn dau neu fwy o'r un rhodd. Ry'n ni'n cynnig popeth, o ddodrefn i ddefnyddiau ffabrig, o grochenwaith i wydr. Erbyn heddiw dyw'r arferiad hwn ddim mor boblogaidd gan fod talebau wedi dod mor boblogaidd. Ond mae modd newid y talebau hynny am wahanol nwyddau yma yn y siop.

Ry'n ni'n ffodus iawn o ran lleoliad, a'r siop bron iawn ar y sgwâr ar un o'r prif strydoedd gan wynebu un o fynedfeydd y coleg. Ac mae'r ganolfan angladdau a'r capel o fewn cyrraedd rhwydd. Mae'r siop yn agored chwe diwrnod yr wythnos. Ond mae'r busnes angladdau'n agored bedair awr ar hugain y dydd, bob dydd o'r flwyddyn. Ry'n ni ar alwad y cyhoedd ddydd a nos.

Stori Rhys

I lawer mae unrhyw beth sy'n ymwneud â marwolaeth yn rhywbeth na fyddan nhw'n sôn amdano'n aml. A phan wnân nhw drafod y pwnc, fe wnân nhw wneud hynny mewn lleisiau tawel. Ond fel aelod o drydedd genhedlaeth teulu sy'n ymgymerwyr angladdau dydw i ddim wedi teimlo'n wahanol erioed. Mae'r tri ohonom, fy mrawd Rhodri, sy'n 19 oed, Lois fy chwaer, sy'n 15 a finne, sy'n 22, wedi ein codi yn y busnes o'n plentyndod. Fe fuodd Rhodri, cyn mynd i Goleg Metropolitan Caerdydd, yn helpu allan yn y siop. Mae e'n dilyn cwrs ar hyn o bryd mewn cynllunio cynnyrch. Yn wir, mae cynllun pabi a luniodd ar werth yn y siop. Mae Lois, sy'n dal yn yr ysgol, yn helpu yn y siop ar ddydd Sadwrn ac ar adeg gwyliau. A finne bellach yn aelod llawn o'r busnes.

Portread o Rhys gan yr artist Geoff Wynn

Mae amryw'n gofyn a wnes i deimlo'n wahanol yn yr ysgol fel aelod o deulu o ymgymerwyr? A oeddwn i'n cael fy nhrin yn wahanol? Yr ateb yw 'na'. Pan fyddwch chi'n gyfarwydd â bod yn aelod o deulu sydd mewn unrhyw fath o fusnes, a chithe wedi eich codi yn y busnes hwnnw, dydi rhywun ddim yn teimlo'n wahanol mewn unrhyw ffordd. Pobl eraill sy'n gweld y peth yn wahanol.

Mae'r proffesiwn yn fath ar dabŵ i lawer. Ond i fi, fel ŵyr

ac fel mab i ymgymerwyr, dydi e ddim yn wahanol i fod yn fab ffarm yn dilyn ei dad-cu a'i dad ac yn dewis gweithio ar y tir. Mae Rhodri, Lois a finne bellach, fel trydedd genhedlaeth o ymgymerwyr, wedi hen arfer â'r profiad.

Fe fyddai yna dynnu coes yn yr ysgol, wrth gwrs. Roedd hynny'n digwydd byth a hefyd. Rwy'n cofio mynd i Ysgol Coedmor ambell i fore, ac efallai angladd gyda Dad, a chael fy nghludo yno yn y limo neu weithiau yn yr hers. Doeddwn i ddim yn gweld unrhyw beth yn rhyfedd yn hynny.

O'r dechrau cyntaf fuodd yna ddim amheuaeth beth fyddwn i'n ei wneud ar ôl gadael yr ysgol. Wedi'r cyfan, fe ddechreuais i fynd lawr gyda Dad neu Tad-cu i'r amlosgfa yn Arberth yn blentyn chwech oed. Fe ddechreuais i helpu yn y siop yn gynnar iawn. Ac yna, o'r pymtheg oed ymlaen fe fyddwn i'n mynd allan yn aml gyda Dad neu Tad-cu ar gyfer y gwaith ymgymryd. I fi doedd hyn ddim yn wahanol i weld

Yn blentyn bach yn Amlosgfa Arberth

unrhyw grwt yn mynd allan gyda'i dad ar gyfer unrhyw waith.

Fe ddechreuais i ymdrin â'r ymadawedig pan nad o'n i ond tua deuddeg oed. Wnaeth hyn ddim erioed fy mhoeni i. Pan o'n i'n bymtheg neu'n un ar bymtheg fe fyddwn i'n mynd allan ar benwythnos neu adeg gwyliau gyda Tad-cu neu Dad pan fydden nhw'n ateb galwad oddi wrth y Crwner neu'r heddlu. Ac yn raddol fe wnes i ddod yn rhan o'r busnes.

Fe wnes i gwblhau fy Lefel 'A' cyn gadael yr ysgol yn 2011. Fe wnes i adael yr ysgol ar brynhawn dydd Gwener. Y dydd Llun canlynol ro'n i yma wrth fy ngwaith.

Fe wnes i ennill profiad gwaith gyda chwmni enwog Cribbs yn Beckton yn yr East End yn Llunden heb fod ymhell o'r Parc Olympaidd. Dyma un o'r cwmnïau annibynnol enwocaf ym Mhrydain, ac roedd Cribbs a Tad-cu ymhlith sefydlwyr SAIFD. Mae'n teulu ni a nhw'n dal yn ffrindiau agos. Sefydlwyd y cwmni gan Thomas Cribbs yn 1881 a'r prif reolwyr heddiw yw ei or-wyrion, John a Graham Harris, ac mae'r bedwaredd genhedlaeth yn rhan o'r cwmni erbyn hyn, Sarah a Nichola, merched John, a Jack a Joe, meibion Graham.

Roedd y profiad gwaith yn agoriad llygaid. Roedd rhwng 80 a 100 yn gweithio i'r cwmni. Roedd rhwng 50 a 60 yn gweithio allan o gangen Beckton yn unig. Roedden nhw'n gyfrifol am tua deg angladd bob dydd. Yma yn Llanbed fe fyddwn ni'n troi ein llaw at bob gorchwyl. Ond yno roedd jobyn penodol gan bawb. Roedd bechgyn gwahanol yn gyrru'r ceir, gwahanol fechgyn yn trefnu ac yn y blaen. Roedd yna ddau, yn llawn amser, yn gofalu am baratoi ceffylau'r hersiau. Dau arall yn golchi'r ceir yn llawn amser. Roedden nhw'n trefnu fyny at dair mil o angladdau'r flwyddyn.

Mae angladd hersiau ceffyl yn dal yn rhywbeth

Cofio'r Cadoediad yng Nghwm-ann a fi yn blentyn yn canu'r corn

traddodiadol ymhlith brodorion yr East End. Yn aml, hers a
cheffyl, a'r hers yn orlawn o flodau, fydd yn arwain yr
orymdaith angladdol, a honno'n cael ei dilyn gan res o
limwsîns. Pan gladdwyd Violet, mam y brodyr Kray, yn
1982, mae'n debyg fod 60,000 o bobol wedi llenwi
strydoedd Bethnal Green i wylio'r hers ceffyl a'r ceir yn
mynd heibio. Yr un fu'r stori pan gladdwyd Ronnie Kray yn
1995. Pan gladdwyd yr efaill arall, Reggie, ym mis Hydref
2000 mae'n debyg fod deunaw o hersiau modur yn dilyn yr
hers ceffyl, a'r rheiny'n llawn blodau. Fe dynnwyd yr arch
gan chwech o feirch duon wedi eu gwisgo mewn harneisi
arian a lledr du. Trefnwyr yr angladd oedd cwmni W.
English a'i Fab, cwmni lleol o Bethnal Green.

Roedd gan gwmni Cribbs gymaint ag 16 o ganghennau
yn ardal Llundain, ar wahân i'r un yn Beckton, ac un allan yn
Ghana. Mae llawer o bobol o Affrica wedi symud i mewn i'r

East End dros y blynyddoedd, a nifer ohonyn nhw wedi gofyn am gael mynd adre i'w henwlad i'w claddu. A Cribbs oedd yr arbenigwyr ar y gwaith o drefnu'r angladdau dramor. Fe fydde rhywrai'n mynd bron bob dydd i Heathrow ag arch i'w hedfan allan. Rhywbeth tebyg oedd hanes y Cardis a ymfudodd i Lunden ar ddechrau'r ganrif ddiwethaf. Byddai'r mwyafrif mawr yn cael eu cludo nôl i'r hen fro i'w claddu.

Un rheswm pan wnes i fynd at Cribbs oedd er mwyn cael y profiad o drefnu a gweinyddu angladdau pobl o dras wahanol gyda chrefyddau a thraddodiadau gwahanol. Fe ges i brofiad o fod yn rhan o drefniadau Mwslemiaid, Iddewon – pob math o grefyddau.

Ar ôl mis o brofiad gwaith gwerthfawr yn Llunden fe wnes i ddod adre, a'r gorchwyl cyntaf oedd yn fy nisgwyl oedd helpu i drefnu angladd merch ifanc 21 oed oedd wedi ei lladd mewn damwain ar y ffordd fawr yn y Felin-fach. Mae rhywun yn debygol o gofio digwyddiadau fel yna.

Fy mhrif waith nawr yw trefnu angladdau wyneb yn wyneb a thros y ffôn neu drwy'r cyfrifiadur yn y swyddfa. Mae yna lawer o waith i'w wneud yn y siop hefyd gyda'r dodrefn a'r llestri. Fe fydda'i'n mynd allan gyda Tad-cu a 'Nhad hefyd i wahanol angladdau.

Yn y cyfamser rwy wedi sefyll arholiadau yn ymwneud â'r busnes. Fe wnes i astudio a phasio arholiadau SAIFD, sef Cymdeithas Gynghreiriol Annibynnol yr Ymgymerwyr Angladdau. Bwriad hynny oedd profi y medrwn i drefnu angladd, a hynny'n golygu pob agwedd o'r gwaith, o olchi'r ceir i drafod gyda'r teulu a threfnu a gweinyddu'r angladd ei hun. Mae mwy a mwy o ferched yn ymuno â'r proffesiwn erbyn hyn er nad oedd yna un ar yr un cwrs â fi.

Roedd ennill y cymhwyster hwn yn golygu sefyll nifer o arholiadau. Nawr rwy'n dechrau astudio ar gyfer Diploma gyda'r NAFD, Cymdeithas Genedlaethol y Trefnwyr

Ni'r plant yn fach gydag un o'r cesig, Caermynydd Rhagorol

Y tri ohonon ni'n blant yn dathlu Dydd Gŵyl Dewi

Angladdau, fydd yn golygu teithio i Salisbury nawr ac yn y man ar gyfer yr arholiadau. Ychydig iawn ohonom sydd ar y cwrs, tua hanner dwsin ar y mwyaf. Rwy'n gobeithio ennill y cymhwyster hwn eleni.

Un agwedd sy'n dod yn boblogaidd erbyn hyn yw trefnu angladd ymlaen llaw. Rwy'n delio â llawer o'r rheiny erbyn hyn. Mae PFP (Pre-paid Funeral Plans) ar gynnydd. Mae'n golygu trefnu a thalu'r cyfan naill ai mewn un taliad neu dros amser, o flwyddyn i 120 mis. Gyda chostau claddu'n codi'n rheolaidd, a hynny'n uwch na chwyddiant, mae'r cynllun yn dod yn fwy poblogaidd o hyd. Pobl dros eu hanner cant, yn bennaf, fydd yn cymryd y cam hwn. Mae'n dod bellach mor naturiol â gwneud ewyllys.

Erbyn hyn rwy'n ymwneud â'r dyletswyddau angladdol i gyd, o fynd allan ar yr alwad gyntaf i drafod yr ymadawedig i drefniadau'r angladd a delio â'r holl waith papur. A gweinyddu yn yr angladd, wrth gwrs. Bydd mynd allan ar yr alwad gyntaf yn golygu y bydd angen dau ohonom gan y bydd yn golygu symud a chludo'r ymadawedig.

Mae pobl eraill yn gweld y gwaith fel rhywbeth morbid. Ond mae delio â'r meirwon yn ffordd o fyw. Ond cofiwch mai gwasanaethu'r byw, nid y meirw fyddwn ni. Fe fedrwn ni gael ein galw allan yn ystod oriau mân y bore, ac fe fyddwn ni'n mynd – rhywbeth y byddai meddygon yn arfer ei wneud. Mae ymateb i alwadau gan deulu mewn galar yn ail natur i ni. Yn union fel y bydd ffermwr yn gorfod ateb gofynion a gorchwylion fel wyna neu loia, rhaid i ninnau ymateb i ofynion teulu sydd mewn galar, pryd bynnag, ble bynnag y bydd angen gwneud hynny.

O ran gyrru un o'n limwsîns neu'r hers, fe wnes i basio fy mhrawf gyrru yn 2011, a hynny ar ddydd Gwener. Y Llun canlynol fe wnes i yrru hers mewn angladd am y tro cyntaf. Yr hen hers Grenada oedd honno. Fe wnes i a Dad a'r Ficer yrru fyny i'r amlosgfa yn Aberystwyth. Mae gyrru hers yn wahanol i yrru ceir cyffredin gan eu bod nhw'n dueddol o fod yn hirach o ran maint. Fe fydda'i hefyd y gyrru'r fen ddodrefn. Yr unig gerbyd dydw'i ddim wedi'i yrru yw'r hers ceffyl.

Fe fydd yr hers ceffyl yn cael ei galw allan ddwywaith neu dair y flwyddyn. Fe fedrwn i yrru honno hefyd petai raid. Rwy'n gyfarwydd â thrin ceffylau. Ry'n ni'n cadw ceffylau ar dir ry'n ni'n ei rentu ger Llanbed. Fe fuodd Dad unwaith yn cadw cobiau.

Erbyn hyn rwy'n siŵr mai dyma'r proffesiwn dw'i am fod ynddo. Yma y bydda'i mwy. Mae pob dydd yn wahanol yma. Does dim un diwrnod yr un fath. Mae pob angladd yn wahanol. Fe fydda'i'n cwrdd â phobl, drwy angladdau ac yn y siop.

Wnes i ddim cael fy hyfforddi mewn gwaith saer coed, er i fi wneud gwaith coed fel pwnc yn yr ysgol. A nawr rwy'n aelod llawn o'r cwmni ac wrth fy modd. Mae yma amrywiaeth. Un dydd falle fydd gen i angladd. Ymhen dyddiau fe fydda'i fyny yn Llunden gyda llwyth o ddodrefn. Yn ffodus iawn rwy'n mwynhau gyrru. Fe wna'i yrru unrhyw beth, a hynny drwy'r dydd. A'r nos, os bydd raid. Y pellaf dw'i wedi gyrru i angladd yw Land's End. Roedd hi'n daith o 600 milltir, a hynny'n golygu gadael am chwech o'r gloch y bore a chyrraedd nôl am chwech y nos. Y rheswm inni fynd mor bell oedd fod menyw fach o'r ardal wedi claddu ceffyl yno, a hithau am gael ei chladdu yn yr un man mewn angladd coedlan.

Angladd diddorol arall fu angladd gwraig, ddwy flynedd yn ôl, oedd wedi hedfan Spitfires a Lancasters adeg y rhyfel. Roedd hi wedi dod i fyw i ardal Llangeitho ddeugain mlynedd yn gynharach. Margaret Frost oedd ei henw, ac yn dilyn gwasanaeth yn Eglwys Trefilan fe gafwyd 'fly-past' dros ei bedd yn Epworth, swydd Surrey. Roedd ei thad wedi bod yn Rheithor yno. Roedd hi'n 96 oed yn marw.

Un siom yw mai wedi iddyn nhw farw y bydda'i'n dod i wybod am hanes llawer o'r bobol ddiddorol hyn. Fe fyddwn wedi bod wrth fy modd yn cael adnabod pobl fel Margaret Frost flynyddoedd cyn iddyn nhw'n gadael.

Mae hwn yn broffesiwn lle bydda'i'n dysgu rhywbeth newydd bob dydd. Mae Tad-cu a 'Nhad yn pwysleisio byth a hefyd bod gofyn i fi, os ydw'i am ddysgu'r grefft yn drwyadl, fod yn barod i wrando. Rwy'n hoffi meddwl fy mod i'n wrandawr da.

Cydnabyddiaeth

Archif bwysig yn swyddfa'r cwmni yw'r casgliad o lythyron o ddiolch a dderbyniwyd dros y blynyddoedd. Mae yna gannoedd ohonynt. Ni fyddai'n deg cynnwys manylion fel enwau'r llythyrwyr ond dyma ddetholiad byr.

Rydym ein dau'n gwerthfawrogi'n fawr y ffaith i chwi a'ch merch ddod lawr yma i Abertawe, a hynny mwy neu lai ar fyr rybudd ... Teimlwn yn falch hefyd o'r gweinyddu esmwyth yn yr angladd . . . ynghyd â'r holl fanylion bychan sy'n rhan annatod o'r fath achlysur, ac am fod y cyfan wedi ei gyflawni ganddoch chwi a'ch teulu yn ddi-fai ac yn ddiffwdan.

* * *

Teimlaf reidrwydd i ysgrifennu atoch i fynegi fy niolchgarwch am y cyfan a wnaethoch ar ran fy mam dros yr wythnosau diweddar hyn. Gallaf ddweud yn ddiogel i chwi ddwyn y pwysau oddi ar ei hysgwyddau ar adeg pan oedd arni wir angen hynny. A ninnau'n byw mewn ardal ddinesig, synnais at lefel y gwasanaeth y gwnaethoch ei ddarparu gan gyfleu'n gywir yr ymdeimlad na fu dim yn ormod i chwi. Fe fedrwch chwi a'ch mab Cerdin a'r holl staff ymhyfrydu yn y ffaith eich bod yn gredyd nid yn unig i'r proffesiwn ond hefyd i'ch cymuned yn gyffredinol ac, yn bwysicach fyth, i chwi eich hunain. Diolch unwaith eto ac fe wnaf gofio am byth yr hyn a wnaethoch ar ran ein teulu.

* * *

Carwn ddal ar y cyfle i ddiolch i chwi a'ch tîm am eich gwasanaeth rhagorol yn eich trefniadau ar gyfer dathliad bywyd fy mam. Bu achlysur a fedrai brofi i fod mor ddifrifol yn

Llun ffurfiol o dair cenhedlaeth o ymgymerwyr

hytrach yn un gorfoleddus gan wneud ymadawiad fy mam yn llai ingol i'r teulu cyfan.

* * *

Hoffwn ddiolch i chi o waelod calon am fod mor barod i roi caniatâd i ni ddefnyddio eich cae er mwyn parcio ceir ar gyfer angladd fy ngŵr . . . Roedd y mater o ddod o hyd i le addas i ganiatáu i nifer helaeth o geir barcio yn peri problem fawr i ni a bu eich caredigrwydd yn fendith.

* * *

Carwn ddiolch i chwi oll unwaith eto am eich holl waith caled a'ch amynedd. Ni fedraf gredu mor llyfn yr aeth popeth. Bu'n ddiwrnod hyfryd. Bu eich proffesiynoldeb a'ch agwedd dosturiol yn ddi-fai a hoffwn yn fawr petai trefnwyr angladdau eraill yn dilyn eich esiampl chwi. Diolch yn arbennig i Rhys, gŵr ifanc cynnes a wnaeth gynorthwyo ar gyfer darparu ar gyfer fy modryb ddiwrnod bendigedig. Nid oedd unrhyw beth yn ormod o drafferth.

* * *

Diolch am eich caredigrwydd wrth ymdrin ag angladd fy annwyl ddiweddar wraig. Dymunaf i chwi a'ch teulu ein cofion cynhesaf gan obeithio yr â popeth yn dda i chwi yn y dyfodol.

* * *

Diolch am eich geiriau caredig parthed angladd fy mam-gu. Roedd fy mam wedi ei hysgwyd braidd am rai wythnosau. Teimlwn yn ddiolchgar iawn i chwi am y ffordd yr aeth y diwrnod, am eich gwaith caled a'ch ymroddiad er mwyn sicrhau y gwnâi popeth fynd yn esmwyth.

* * *

Hoffwn ddiolch yn ddiffuant am eich gwasanaeth caredig a'ch parch. Gwerthfawrogwn eich dealltwriaeth a'ch agwedd dosturiol ar adeg mor anodd. Roedd y gwasanaeth yn yr amlosgfa yn hyfryd. Hefyd dymunaf eich llongyfarch ar eich canolfan angladdol, ei ymddangosiad yn gwneud i ni deimlo'n gyffyrddus ac yn esmwyth ein meddwl ar adeg mor drist. Diolch am alw yn y tŷ ac am gyflenwi'r blodau.

* * *

Ysgrifennaf atoch i ddatgan fy ngwerthfawrogiad o'r modd y trefnwyd angladd fy ngŵr ganddoch. Disgwyliwn iddo fod yn achlysur anodd a digalon i mi ond yn hytrach fe'i cefais yn wasanaeth caredig a thangnefeddus, mor ychydig ohono'n cynnwys y tristwch a ddisgwyliwn. Dymunaf ddiolch i chwi am yr holl garedigrwydd a chymorth a roesoch i mi dros yr achlysur trist hwn.

* * *

Buasem yn hoffi diolch i chwi am eich gofal a'ch arweiniad yn ystod ein profedigaeth. Yr ydym yn teimlo bod y dydd wedi troi allan i fod yn urddasol a byddwn yn cofio'r achlysur gydag atgofion heddychol.

* * *

Diolch yn fawr am eich holl gymorth a'ch cynghorion adeg angladdau fy nau riant. Bu eich cefnogaeth a'ch dealltwriaeth yn rhywbeth a wnawn ei werthfawrogi'n fawr. Diolch hefyd am eich amynedd.

* * *

Ysgrifennaf i ddatgan fy niolch am y modd urddasol ac effeithlon y gwnaethoch chwi a'ch pobl chwarae eu rhan yn angladd fy mab. Bu'n adeg drist a thrallodus i bawb ohonom ond bu'n gymorth mawr gwybod i ni dderbyn cymaint o gysur a chymorth yn dilyn ei farw.

* * *

Carwn gymryd y cyfle i ddatgan fy niolch am eich trefniadau. Fe aeth popeth yn llyfn ac yn yr ysbryd priodol. Diolch am ofal a chymhwysedd eich tîm.

* * *

Ysgrifennwn atoch ar ran y teulu i ddiolch yn fawr iawn i chi a'ch cwmni am eich gwaith trwyadl wrth drefnu angladd ein diweddar ewythr. Bu eich cefnogaeth a'ch cyngor yn werthfawr iawn i ni ac fe wnaethoch yn siŵr fod yr angladd yn un parchus ac urddasol. Y cyfan hyn fel y dymunem, ac yn sicr yn unol â dymuniadau Wncwl.

* * *

Hoffwn ddiolch i chi i gyd am eich gwasanaeth yn ystod cyfnod marwolaeth . . . gan wybod fod rhywun cyfrifol yn cymryd y baich oddi wrthom ar adeg anodd iawn. Roedd yn bwysig dros ben i ni. Mae'r teulu a minnau yn ddiolchgar iawn am eich caredigrwydd a'ch dealltwriaeth yn ystod cyfnod ofnadwy o galed.

* * *

Dymunaf ddiolch i bawb ohonoch am eich caredigrwydd a'ch gofal wrth drefnu amlosgiad . . . Fe aeth popeth yn rhyfedd o esmwyth a diolchaf i chwi oll am gymryd baich oddi ar ein hysgwyddau ar adeg anodd. Hoffwn eich sicrhau y gwnawn gymeradwyo eich gwaith a'ch gwasanaeth effeithlon i unrhyw un a gânt eu hunain yn yr un sefyllfa â ni.

* * *

Dymuna fy mam, fy mrodyr a'm chwiorydd a'r holl deulu ddiolch i chwi o waelod calon am weithredu mor sensitif a chwrtais ymhob cyfarfod ac ar bob achlysur yn ymwneud â threfniadau angladdol fy nhad. Roedd yn falm i'r enaid i ni fel teulu allu rhoi'r trefniadau yn eich dwylo dibynadwy chi gan wybod y byddai y cyfan yn mynd fel watsh. Roeddech wedi meddwl am bob peth ac wedi sicrhau na fyddai angen i ni boeni am ddim byd a oedd yn ymwneud â'r trefniadau. Ac ar y diwrnod ei hun roedd ymddygiad urddasol a hollol broffesiynol Gwilym a Cerdin yn gysur i bawb ohonom yn ystod y gwasanaeth arbennig i fy mam ac yn ystod y gwasanaeth cyhoeddus a'r amlosgfa wedyn. Doedd dim un namyn wedi ei anghofio a dangoswyd parch ym mhob gweithred heb unrhyw ffws ffuantus. Byddai fy nhad wedi gwerthfawrogi hyn yn fawr. Yn ogystal mae'r baich o gasglu'r cyfraniadau tuag at Gymorth Cristnogol wedi cwympo ar eich ysgwyddau. Diolch o galon i chi am ymgymryd â hyn ac am anfon y siec at Gymorth Cristnogol gan bawb a gyfrannodd mor hael. Gwerthfawrogwn yn fawr yr holl gyfrifoldeb a ysgogodd Gwilym C. Price ei Fab a'i Ferched ar ran fy mam a'r teulu cyfan.

Ni bu hiraeth heb orwel

Yr hetiau'n rhes yn y capel gorffwys

Syniad Da
Y bobl, y busnes – a byw breuddwyd

Glywsoch chi'r chwedl honno nad yw Cymry
Cymraeg yn bobl fusnes?
Dyma gyfres sy'n rhoi ochr arall y geiniog.

**Straeon ein pobl fusnes:
yr ofnau a'r problemau wrth fentro;
hanes y twf a gwersi ysgol brofiad.**

Syniad Da

**Busnes
ar y Buarth**

Gareth a Falmai Roberts
Llaeth y Llan 1985-2010

"Bob tro y bydd bygythiad yn dod drwy
lidiart y fferm, bydd cyfle yn dod gydag o ..."

Llaeth y Llan:
sefydlu busnes cynhyrchu
iogwrt ar fuarth fferm
uwch Dyffryn Clwyd yn
ystod dirwasgiad yr 1980au

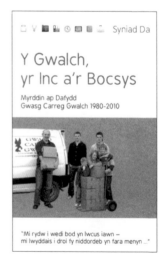

Syniad Da

**Y Gwalch,
yr Inc a'r Bocsys**

Myrddin ap Dafydd
Gwasg Carreg Gwalch 1980-2010

"Mi rydw i wedi bod yn lwcus iawn –
mi lwyddais i droi fy niddordeb yn fara menyn ..."

Gwasg Carreg Gwalch:
gadael coleg a sefydlu
gwasg gyda
chefnogaeth ardalwyr
Dyffryn Conwy

*HANFODOL I BOBL IFANC AR GYRSIAU BUSNES
A BAGLORIAETH GYMREIG!
£5 yr un; www.carreg-gwalch.com*

Syniad Da

Y Llinyn Aur

Rhiannon Evans, Gof Aur Tregaron

"Nid bywyd yw Bioleg:
Mi af yn ôl i'r wlad"

Rhiannon:
troi crefft yn fusnes yng nghefn gwlad Ceredigion

Syniad Da

Canfas, Cof a Drws Coch

ANTHONY EVANS
Arlunydd

"Mae arlunwyr yn gweithio
o'r tywyllwch i'r goleuni ..."

Artist Annibynnol:
Anthony Evans yn adrodd hanes ei yrfa fel arlunydd, yn cynnwys sefydlu oriel a stiwdio gydweithredol

Syniad Da

Perffaith Chwarae Teg

Cefin a Rhian Roberts
Ysgol Glanaethwy 1990–2011

"Ti 'di dechra rwbath rŵan, yn do?
Fedri di'm 'i gadael hi'n fan'na, wyddost ti ..."

Ysgol Glanaethwy:
datblygu dawn yn broffesiynol a llwyddo ar lwyfan byd

Syniad Da

Cadw'r Byd i Droi

CLEDWYN EVANS
Teiers Cambrian 1971–2011

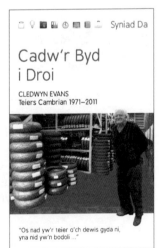

"Os nad yw'r teier o'ch dewis gyda ni,
yna nid yw'n bodoli ..."

Teiers Cambrian:
cwmni o Aberystwyth sydd wedi tyfu i fod yn asiantaeth deiers fwyaf gwledydd Prydain

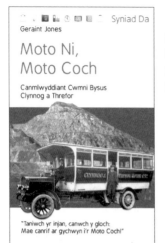

Geraint Jones

Moto Ni, Moto Coch

Canmlwyddiant Cwmni Bysus
Clynnog a Threfor

"Taniwch yr injan, canwch y gloch:
Mae canrif ar gychwyn i'r Moto Cochi"

Moto Ni, Moto Coch
Canmlwyddiant y cwmni bysys cydweithredol ym mhentrefi Clynnog a Threfor

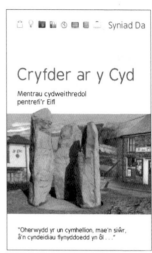

Syniad Da

Cryfder ar y Cyd

Mentrau cydweithredol
pentrefi'r Eifl

"Oherwydd yr un cymhellion, mae'n siŵr,
â'n cyndeidiau flynyddoedd yn ôl . . ."

Mentrau Cydweithredol Pentrefi'r Eifl:
Nant Gwrtheyrn; Tafarn y Fic; Siop Llithfaen, Garej Clynnog, Antur Aelhaearn

Syniad Da

Torri Gwallt yn Igam Ogam

Gol. Rhian Jones

'Rydym ill dwy'n mwynhau yr hyn
a wnawn o ddydd i ddydd ...'

Trin Gwalltiau yng Nghricieth
Menter Jano ac Anwen yn sefydlu siop ddifyr a bywiog ar ôl dysgu eu crefft

Syniad Da

Llongau Tir Sych

Thomas Herbert Jones
Caelloi Cymru 1851-2011

"Un o'r pethau gwaethaf wnaiff
rhywun ydi ymddeol..."

Caelloi Cymru:
cwmni bysys moethus o Lŷn sy'n ddolen rhwng Cymru ac Ewrop

Petrol, Pyst a Peints

Busnesau Cefen Gwlad
Brian Llewelyn

'Pan fydd eich busnes yn fychan, rhaid ichi ymddangos yn fawr; pan fyddwch chi'n fawr – dyna pryd y mae dangos eich bod yn fach.'

Tafarn Sinc
Stori busnes nwyddau amaethyddol, garej a thafarn wrth droed y Preseli

⌂ ⚲ ▣ ⧉ ⊕ ▦ ⊞ ⬓ Syniad Da

Bwydo'r Bobol

STUART LLOYD
Siop Chips Lloyd o Lanbed

"A phawb eisiau ffish a tships cyn mynd adre . . ."

Siop Chips
Hanes y diwydiant poblogaidd hwn drwy ffenest siop chips boblogaidd yn Llanbed

⌂ ⚲ ▣ ⧉ ⊕ ▦ ⊞ ⬓ Syniad Da

Cap Gwlân a'r Oriau Mân

Ifan Garej Ceiri a'i Fusnes Cymunedol
Gol: Rhian Jones

'Pe bai popeth yn hawdd ym myd busnes, byddai gan bawb ei fusnes ei hun!'

Y Dyn Cynnar:
Amrywiaeth o fusnesau yn cadw Ifan Loj Llanaelhaearn yn brysur

⌂ ⚲ ▣ ⧉ ⊕ ▦ ⊞ ⬓ Syniad Da

Tyddyn Sachau – tyddyn y blodau

Gol: Rhian Jones

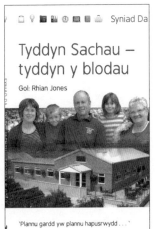

'Plannu gardd yw plannu hapusrwydd . . .'

Canolfan Arddio
Stori teulu yn dechrau tyfu tomatos gan dyfu i fod yn ganolfan arddio o'r radd flaenaf ger Pwllheli

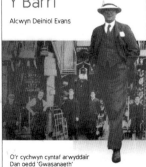

— Syniad Da —

Siop Dan Evans
Y Barri

Alcwyn Deiniol Evans

O'r cychwyn cyntaf arwyddair
Dan oedd 'Gwasanaeth'

Un o Siopau Mawr y Barri
Stori sefydlu, twf a
diweddglo'r siop Gymreig hon

Sylwadau ar fusnes a bywyd,
gyrfa a gwaith gan **Gari Wyn**
y gwerthwr ceir llwyddiannus
a sefydlodd Ceir Cymru
*Dadansoddi treiddgar; 200
tudalen; £7.50*